Love

IS
ALL
YOU
NEED

50000人を占ってわかった

愛を叶える人
見離される人

崔 燎平
Ryohei Sai

内外出版社

はじめに

はじめまして。崔燎平と申します。

僕は九州で会社を営む経営者です。と同時に、とある不思議な縁に導かれて占いを勉強するようになったことから、人生相談に訪れる人たちに開運のアドバイスもしています。

僕のところには日々、本当に多くの女性が、恋愛や結婚、さらには離婚の相談に訪れます。そして人の悩みは千差万別……かと思いきや、みんな、じつは同じようなことで悩み、同じようなところでつまずいています。そのため、何度、同じようなアドバイスをしたかわかりません。

古今東西、人の悩みに大きな違いはないのでしょう。ならば、恋愛運や結婚運を上げる秘訣を一冊にまとめることで、僕の占いを直接受けることができない女性たちの手助けもできるのではないか。そんな思いから、本書の執筆は始まりました。

僕がお伝えしたいことは、いつだってシンプルです。しかし「そんなことで、本当に運が開かれるの？」と思われそうなくらいシンプルなだけに、読んだ方々に実践していただくためには、説得力がなくてはいけません。

どうしたら「こんな簡単なことでいいんだ」と納得していただけるか、どうしたら「よし、やってみよう」と思っていただけるか——そんなことを考えながら筆を進めていたら、いつの間にか、恋愛本らしからぬ分厚い本になってしまいました。

でも、読み終えたときには、必ずや、幸せな恋愛と結婚に関して大きな気づきを得ていただけると信じています。

というのも、本書に書かれているようなアドバイスをしたことで、女性の人生が幸せに向けて大きく舵が切られるのを、数え切れないほど目にしてきたからです。

本書を通じて、僕は、みなさんの恋愛と結婚を成就させるお手伝いをしたいと思っていますが、「何をしたらいいか」というハウツー的な話は、じつは、それほど重要ではありません。

これから僕がお話ししていくなかで、もっとも重要なのは、ちょっと「考え方」を変えみてはどうでしょうか、ということ。

そう聞いて、ちょっとガッカリしてしまった方も多いかもしれません。

でも、恋愛と結婚を成就させる方法をいくつも覚えるより、はるかに大きな効果があるのが、じつは考え方を変えることなのです。

あとでもお話ししますが、人は、「なる前」に「なっている」ものです。

これは日々の習慣でもいえることなのですが、考え方でも同様です。

恋愛や結婚がうまくいく人は、あらかじめ恋愛や結婚がうまくいくような考え方をしています。うまくいくように「なる前」に、うまくいくように「なっている」というわけです。


世の中には、たくさんの恋愛ハウツーが伝えられています。なかには手間やお金がかかるものも少なくないようです。でも、考え方を変え、それに従って生きることに手間はかかりません。もちろんお金もかかりません。

ただし、手間もお金もかからないことが、じつはもっとも大変というのも事実です。重要なのは、頭と心で「なるほど、そういうことなのか」と納得することです。その気づきは必ず日々の行動に表れ、そこから恋愛運も結婚運も開かれていきます。

そんな変化を起こせるよう、できるだけ言葉を尽くして説明したつもりです。

本書のタイトルには「叶」という字が入っていますね。

「口」に「十」と書いて「叶」になる――つまり「口に出すほど、願いが実現する」ということだと解釈すると、漢字は本当にうまくできているなと思います。

本書では、自分の運命を自分で切り開いていくための話をたくさんしていきますが、「言葉にする」というのは、なかでも重要なカギの1つになっています。

恋愛したい、結婚したい、あるいは誰かとお別れしたいということまで含めて、自分の願いを叶えるには「言葉にする」ことが非常に大切なのです。

人生の運の99パーセントは、自分自身の行動によって切り開くものです。

占いに来ていただくにせよ、本を読んでいただくにせよ、僕に果たせる役割は、その行動の元になる、ちょっとした気づきを与えることにすぎません。

本書が、恋愛や結婚に悩んでいる方を勇気づけ、幸せに向けて大きな一歩を踏み出す背中を押すことができますように。みずからの力で99パーセントの運を開いていく、1パーセントのきっかけになれたらと願っています。

崔　燎平

もくじ

第2章 良縁を招く土台を作る
――人は、「なる前」に「なっている」

第3章 自分を磨く
——出会い力を高める秘訣

第4章　ふさわしい相手と恋愛する
——もう始まっている、結婚への道のり

第5章　満ち足りた家庭をつくる
——死ぬまで幸せ、夫婦円満のカギ

カバーデザイン　諸橋藍（釣巻デザイン室）
本文デザイン・ＤＴＰ　ナナグラフィックス
編集協力　福島結実子

第1章

いい出会い、いい恋愛、いい結婚の5つの大切なこと

運を開く方法は、どれもシンプル

お客さんとお会いしたときも、講演会でも、最初に必ずいうのですが、僕は、「不思議なパワー」を使って人の運勢を見ているのではありません。

「先生は〝見える〟んですか?」「〝見えてる〟のでしょう?」といわれることもよくあります。そのたびに「〝見える〟って何が?」と思ってしまいますが、おそらく亡くなった人の霊や、はたまた近年流行りの天使や龍のことをいっているのでしょう。

でも、僕には、そういった人ならざるものは見えません。いくつか事業を行う経営者であり、とあるご縁に導かれて占いをしている。それが僕です。

不思議なパワーがないのなら、どうやって人を占っているの? ……と思った人も多いかもしれません。そこが大きな誤解なのですが、そもそも占いは、不思議なパワーで行うものではないのです。

では何かというと、占いとは「統計学」です。手相も家相も人相も、あるいは占星術も四柱推命も、すべては途方もない年月をかけて積み上がってきたデータから導かれた傾向を、ひとつに体系づけてまとめたものなのです。

まず、そうした先人たちが体系づけてくれた占いの知識。それに加えて、この十数年間、僕が相談に乗ってきた5万人以上もの実例から見えてきた傾向。僕の話はすべて、このふたつがベースになっています。

そして今、つくづくと感じているのは、運を開くためにすべきことは、どれもきわめてシンプルだということです。特別な技術を要するものはひとつもありませんし、たくさんお金がかかるものもひとつもありません。

日々、ちょっとしたことを心がける。意識して習慣づける。この積み重ねで、じつは運はみるみる開かれていきます。

ではこれから、僕が今までに勉強し、実際に多くの人たちと接するなかでわかってきた「恋愛運、結婚運」の開き方を紹介していきましょう。

まずお話ししておきたいのは、恋愛運、結婚運を開く基礎となる心得です。ぜひ次の5つを頭に入れたうえで、次章以降へと読み進んでいただければと思います。

1．幸せな結婚は、「愛」の意味を知ることから

――「好き」と「愛」の違いを知っておこう

これから、いい人と出会い、恋愛し、そして結婚していきたいあなたに、まず知っておいてほしいのは「愛」の意味です。

いきなり暗い話になってしまうのですが、離婚の相談に訪れる方の話を聞いていると、「愛」の意味がわかっていないと思われるケースがほとんどなのです。

男女の恋愛は「好き」から始まりますが、結婚するときには、誰もが永遠の「愛」を誓います。

それなのに、2人とも「愛」の意味がわかっていない。

「愛」とは何か、考えようとしたことすらない。

離婚する理由のひとつは、間違いなくここにあります。**「愛」の意味を理解せず、「好き」のまま家庭を築いてきたから離婚という話になってしまう**のです。

なぜ「愛」の真ん中には「心」があるのか

では、「好き」と「愛」の違いとは何でしょう。

何か好きな食べ物を思い浮かべてみてください。それを1日3食、365日間、生涯にわたって食べ続けるとしたら、どうですか？　いくら好きでも、すぐに飽きて、その後には、きっと嫌いになってしまうでしょう。

これが「好き」ということです。「いいな」とは思うけれど、それには限度がある。限度を超えると飽きて、やがて嫌いになってしまう。人を「好き」になるというのも、これと似たようなことです。

僕は、すでに6000組近くもの夫婦の離婚相談に乗っています。

離婚相談に訪れる人の多くは、こう口にします。

「あんなに彼のことが好きだったのに」

「あんなに彼女のことが好きだったのに」

でも、僕にいわせれば、「好きだったのに」ではなく「好きだったから」――「好き」なだけで、「愛」の意味をちゃんとわかったうえで結婚しなかったから、離婚することになってしまったのです。事実、今まで僕が相談に乗ってきたなかで、「愛」

と「好き」の違いについて明確に答えてくれた人は、ひとりもいません。

一方、人を「愛」するとは、どういうことでしょうか。

「愛」という漢字には、真ん中に心があります。心を取ると、「受ける」になる。つまり、**愛とは、相手の心を受け入れること**です。

ただ、自分の真ん中には、すでに自分の心があります。そこに相手の心を受け入れようとすれば、心と心のせめぎ合いで、痛みが起こります。

お金がないとか、仕事がうまくいかないときには「頭」が痛くなるのに、大切な人を思ったときには、「胸」がギュッと締め付けられます。でも、たとえ、そんな痛みを伴ったとしても、代償を求めないというのが「愛」なのです。

そう考えると、漢字って本当によくできているなと感心してしまいます。

子どもに対する親の愛情などは、愛の最たるものでしょう。極限状態で自分か子どもか、どちらかしか助からないとなれば、迷わず子どもを助けてほしいという親心は、究極の愛といえます。

つまり「愛」とは、**傷つく覚悟をもって、大切な人に向ける、ただただ無償の思い。そして見返りを求めないということ**です。

ちょっとしたケンカや行き違いで相手に対する思いが消えてしまうとしたら、それはただ「好き」だっただけで、「愛」はなかったということなのです。

このように改めて愛とは何かと考えてみると、意外にも深いものだと気づかされるのではないでしょうか。

「好き」から始まり、共に「愛」を育んでいく

ただ、出会ったばかり、あるいは付き合い始めたばかりの男女が、そんな深い愛を語るのは難しいものです。だから、最初は「好き」から始まっていいのです。

では「愛」はいつから始まるのかというと、多くは結婚した後からです。

つまり、結婚式で永遠の愛を誓ったときが、２人の愛の出発点ということ。愛が芽生えてから結婚するのではなく、愛とは、結婚した後、２人で共に歩むなかで徐々に育んでいくものなのです。

そのためにも、あらかじめ「愛」の意味を知っておくことは重要です。

「この人のことを本当に好きなのだろうか」ではなく、**「この人と、はたして愛を共に育んでいけるだろうか」――こう自問したときに、はっきりと互いに「イエス」と思える相手が、あなたと生涯を共にする運命の相手**です。

2.「後悔の数」は「不幸の数」

——望みを叶えるために行動しよう

ふたつめにお伝えしたいのは、不幸とは、特定の状況によって生まれるものではなく、自分の「後悔」によって生まれるものだということです。

突然ですが、お聞きしてみましょう。

はたして人は、結婚できたら幸せなのでしょうか。子どもが生まれた人は幸せで、生まれなかった人は不幸なのでしょうか。あるいはバツ3の人は不幸で、結婚生活が40年続いている夫婦は幸せでしょうか。

あなたなら、何と答えますか。僕には、どれもわかりません。なぜなら、幸せの要素はさまざまだからです。一方、不幸というものにはひとつ、非常に大きな要素があります。それが、過去においてきた「後悔」なのです。

恋愛運が高まっているのに行動しない女性たち

「今、いい感じで恋愛の相が出ていますね。結婚を考えているのなら、今こそ婚活パーティーや合コンに行ってみては？」

僕はよく、こんなアドバイスもするのですが、「いえ、私は婚活パーティーとか合コンというのはちょっと……。自然に出会えればいいと思ってますから」と、抵抗感を示す女性は少なくありません。

仮に20代だったとして、せっかく適齢期に、いい流れが来ているというのに、行動を起こさない。「そういうのはちょっと……」といっているうちに、さしたる出会いもないまま、あっという間に30代、40代です。

ちなみに、30歳から婚活を始めて結婚できる確率は36パーセント、35歳からだと15パーセント、さらに40歳からだと5パーセントにまで下がるといわれています。

そうなってから、「そういえば20代のころに、恋愛の相が出てるっていわれたっけ。あのときに、もっと出会いに積極的になっていれば……」なんて後悔しても、後戻りはできません。そして、このときにする後悔が、不幸の元になるのです。

「ベストを尽くさなかった」が後悔の元

その一方で、結婚しなくても幸せな人はいます。子どもがいなくても幸せな人はいます。3度の離婚を経て、今はシングルマザーでも幸せな人はいます。

なぜ幸せなのか、なぜ不幸ではないかというと、どこにも後悔がないからです。そしてなぜ、**後悔がないかというと、そのつど、自分の意思をもって選択してきたから**です。

人は、失恋することや、結婚できないことで不幸になるのではありません。好きな人に思いを告げなかった、あるいは結婚に向けて努力しなかった、そして後から「あのとき、こうしていれば……」と後悔することで、人は不幸になるのです。

だから**大切なのは、自分の求める道を選択し、それに向かってベストを尽くすこと**。

恋愛したいのなら、すぐにでも好きな人に思いを告げればいいし、結婚したいのなら、婚活パーティや合コンなど、出会いの場に積極的に出かければいいのです。

運命は、そうやって自分で切り開くものであり、その先に、後悔のない、幸せな未来があります。

「未来は変えられないが、過去は変えられる」

「未来は変えられないが、過去は変えられる」と、僕の先生はよくいっていました。

きっと不思議に思いましたよね。「え？『過去は変えられないが、未来は変えられる』というのならわかるけど……？」と、僕も最初は、先生のいっている意味がわかりませんでした。

でもあるとき、自分自身の経験から、その意味をさとりました。

僕は20代半ばで東京の商社に就職し、当時の彼女とは結婚の約束をしていました。その後、故郷に戻って起業するのですが、事業が軌道に乗るまでは、だいぶ苦労しました。その間には大きな借金も背負うことになり、そのことを知った彼女は去ってしまいました。

自分の意思で始めたこととはいえ、この先どうなるかもわからない、前途多難の毎日。そんなある日、街中でファミレスの前を通りかかりました。

ふと店内を見ると、窓の向こうでは家族連れやカップルが食事をしています。ファミレスですから、それほど高価な食事ではありません。おそらく１０００円ちょっとのハンバーグ定食に、８００円くらいのスパゲティ……そんな感じだったはずです。

ただ当時の僕には、ファミレスで食事をする程度のお金すらありませんでした。おまけに恋人に去られたばかりで、困難を共に乗り越えてくれる人もいません。

自分はこんなに苦しいのに、窓1枚へだてた先には、互いに笑みを交わしながら、おいしそうに食事をする人たち……。

「能天気に笑いながら食べやがって。あいつら、みんな地獄に落ちろ」

本当に情けなく恥ずべきことですが、正直、彼らの幸せそうな姿を、僕は心底、妬みました。

でも、無事に借金を返し終え、家族にも恵まれた今、振り返ってみると、そんなふうには露ほども思いません。赤の他人を思いやれるくらいの心の余裕が、今はあるからです。

「あのときのカップル、結婚して幸せになっていたらいいな」「あの家族、そろそろ子どもが大学に入ったころだろうか。今も家族みんなで幸せに暮らしていたらいいな」と心から思います。

僕のなかで、あの過去の風景は「妬ましい風景」から「微笑ましく、みなの幸せを願わずにいられない風景」に変わりました。

「過去は変えられる」――この言葉の真意は、つまり「自分のとらえ方が変わること

で、過去は変わる」というところにあったのです。

では「未来は変えられない」とは、どういうことでしょう。

ここが一番理解できなかったので、「未来は変えられないって、どういうことですか？」と先生に聞いてみたことがあります。

すると先生はひとこと、こういいました。

「未来を100パーセント予測することは不可能だからだよ」

そういわれても、「？.？.」ですよね。僕もそうでした。ただ、よくよく考えてみたら、すんなり腑に落ちたのです。

そもそも「変える」「変わる」には、ビフォア&アフターがあるはずです。

「A」というものを「B」に変える。過去に見た風景が「妬ましい風景」から「微笑ましく、みなの幸せを願わずにはいられない風景」に変わる。変わる前のビフォアがあるから、変わった後のアフターがありえます。

でも、未来はこれから起こることです。何が起こるかは、誰にもわかりません。わからないということはビフォアがなく、アフターもない、したがって未来を変えることはできないということなのです。

「未来を変えることはできない」と聞いて、「これから起こることは、すべて定められているから、すべての努力は無駄になるんだ」と、絶望的な気持ちになったかもしれません。

でも先生のいっていた真意は、まったく別のところにありました。**未来は「決まっていない」からこそ、「変えられる」とか「変えられない」とかではない、未来は「自分でどうすることもできる」**ということなのです。

幸せな未来を生きるには

では、未来を決めるのは何でしょうか。それは自分の選択です。

自分の目標、決断、努力——何を選ぶかによって運命が切り開かれます。運命とは神様が決めることではありません。自分が選択を積み重ねることで運命が切り開かれ、そうして未来は決まっていくのです。

今このときに、自分はどう考え、何を決め、どう行動するか。今の状況を受け入れ、どう向き合うか。それによって未来が決定していくということです。

未来は、今の自分の行動が生み出す必然の結果。**今の延長線上には、自分の選択に**

よって「そうなるべくしてなった」という未来しかありません。

だから、先ほどもいったとおり、望むものに向かってベストを尽くすことが大切なのです。後悔のない幸せな未来とは、自分が選び、運命を切り開くことでつくっていくものなんだと考えてください。

占いのお客さんからよく聞くのは、「友だちが次々と結婚しているから、私もそろそろ結婚したい」という声です。

つまり「他人はどうしているのか」で自分の人生を考えてしまっている。自分軸で将来を思い描けていないのです。

でも、人と競い合うようにして、「とりあえず誰でもいいから結婚したい」と焦って20代のうちに結婚するのと、自分の幸せを突き詰めるなかで、35歳で結婚するのとでは、結果的に、どちらが幸せでしょうか。

あなたは、自分の10年後、20年後の姿を思い描いていますか。

10年後、20年後の「なりたい姿」に向かって何をすればいいのかと、考えたことはあるでしょうか。

他人軸ではなく、自分軸でビジョンを描くこと。これは過去に後悔を残さず、幸せな未来を生きる必須条件です。

3.「～のため」は「～のせい」になる

――恋愛も結婚も「自分の幸せのついで」と考えよう

3つめにお話ししたいのは、これからあなたが起こす行動、下す選択のすべては「自分の幸せのため」ということです。

「自分の幸せのため」以外の「～のため」は、やがて「～のせい」となって自分を苦しめる結果となりかねません。

たとえば、安月給で残業が多く、上司からいびられても会社を辞めなかった人がいたとします。なぜかと聞けば「家族のために辞めなかった」というのでしょうが、これは「家族のせいで辞められなかった」といっているのと同じです。

つまり、辞めるというリスクを背負わなかった自分の責任を、家族に押し付けているということ。**「誰かのため」「何かのため」は、そのまま「誰かのせい」「何かのせい」に転じやすい**のです。

4歳の男の子に教えられた「人生で一番大切なこと」

僕のお客さんに、こんな方がいました。離婚後の生活のことで相談に訪れた女性です。その女性は30代で、お子さんが３人いました。「離婚して、はたして子どもたちをちゃんと幸せにできるだろうか……」というのが最大の悩みでした。

そこで僕は、「その答えは僕にはわかりません。お子さんに聞いてみるのが一番ですよ」といい、別室で待っていた４歳の息子さんを連れて来てもらいました。

「お母さんね、どんなにきつい思いをしても、あなたたちを幸せにしてあげたい。そのためにお母さん、どうしたらいいと思う？」

その女性が息子さんに問いかけると、息子さんはひとことだけ、「お母さんが笑っているのが一番いい」と答えたのです。

言い換えれば、これは「僕たちのためより、お母さん自身の幸せを考えて」「それが僕たちの幸せになる」ということです。僕はこのとき、人生で一番大切なことを、年端も行かない男の子に、たったひとことで教えてもらったと思いました。

その大切なこととは、何よりも優先されるべきは自分の幸せだということです。自分が笑っていられることが、結果的に大切な人の幸せにもつながるのです。

「親を安心させるために結婚したい」の落とし穴

今、恋愛したい、結婚したいと思っているとしたら、何のために恋愛したいのでしょうか。

「恋愛のため」「結婚のため」ではありませんよね。「親を安心させるため」「親に孫の顔を見せるため」と考えている人は多そうですが、僕の考えでは、それは幸せを招く考え方ではありません。

僕は「恋愛のため」に合コンに行って傷ついた人を知っています。「結婚のため」に婚活をして疲れはてている人を知っています。婚活するのは「親を安心させるため」「親に孫の顔を見せるため」と、強迫観念に苛まれている人を知っています。

どの人も「自分の幸せのため」というのがどこかにすっ飛んでしまい、「恋愛のための合コン」「結婚のための婚活」「親のための婚活」に執着し続けた結果、「恋愛のせい」「結婚のせい」「親のせい」で苦しむ羽目になっているのです。

なかには、婚活がなかなかうまくいかず、絶望して自殺未遂まで起こした女性もいます。

「私は誰からも愛されない」と泣きながら訴える彼女に、僕は「人生には、こんなにも楽しいことがいっぱいある」と話しました。

結婚の相談だったにもかかわらず、そんな話をしたのは、まず「結婚だけが唯一の幸せになる方法」という発想を、彼女の頭から取り払いたかったからです。**結婚だけに執着せず、幸せになる選択肢はたくさんある**と知ってほしかったのです。

その後、彼女は少し婚活から離れ、サーフィンという趣味を見つけました。それが楽しくてたまらず、結婚のことなど頭の隅のほうに追いやられたころに、素敵な男性と出会って結婚しました。

「結婚に執着し、婚活のせいで苦しかった日々」を「自分の幸せために今このときを楽しむ日々」に変えたことで、結婚というまた別の幸せがやってきたというわけです。

あなたの人生で一番大切なのは、あなたが幸せになることです。

「恋愛するから幸せになる」のではないし、「結婚するから幸せになる」のでもありません。

あなたが幸せになるためのいくつもの選択肢のなかに、恋愛と結婚もあるというだけのこと。まず**あなた自身が幸せで満たされ、輝いたうえに、「ついで」のようにして恋愛も結婚もあるんだ**と考えてみてください。

4. 人は誰もが愛されて育っている

――自分に100点満点をつけよう

4つめにお話しししたいことは、人は誰もが愛されて育っている、だから自分をちゃんと愛してほしい、ということです。

こんなことをいうと、決まって「私は親の愛情なんて感じたことはない」という人が現れるのですが、それでも、人は誰もが愛されて育つと断言できます。そうでなくては、今、こうして生きているはずがないからです。

極端なことをいえば、親に捨てられた人だって、誰かしらの愛を受けて育ちます。たとえ、両親がいなかったとしても、赤ちゃんのときにたったひとりでミルクを飲むことができたのでしょうか。おじいちゃんおばあちゃん、親戚の人、あるいは、学校の先生や近所の大人たち、誰ひとりにも愛されていなかったのでしょうか。

決してそんなことはありません。**誰かの愛があったからこそ、今のあなたがあるのです。**

「私はたったひとりで生きてきた」と思っているかもしれませんが、今の年齢を迎えることができたのは、まぎれもなく、幼いころに愛をもって接してくれた人がいたから、そして今も誰かしらの愛を受けているからにほかなりません。

「今、生かされている」というのは、すべからく「今まで愛されてきた」という証といっていいでしょう。

誰とも比べない強さをもつ

ここで僕がお伝えしたいのは、誰がなんといおうと、自分に１００点満点をつけていいんだということです。

これは、幸せな恋愛と結婚をするうえでも、非常に重要なことです。

あなたが自分の人生のパティシエだとしたら、あなたの人生は、20年、30年、40年かけて作り上げてきたケーキです。そのケーキをひとくち食べて、「おいしくない、40点の味だ」といったら、いったい誰が喜んで食べてくれるでしょうか。

自分を愛さずに、誰かから愛されたいと願うのは、こういうことです。自分で自分を愛せないのに、他人からは愛されたい、これでは幸せになれません。**自分の幸せの**

ためには、まず自分を愛すること、自分に100点満点をつけることなのです。

それに、類は友を呼ぶものです。

自分に40点をつけている女性には、40点程度の男性が引き寄せられてくるでしょう。その男性と結婚したら、2人の間に生まれる子どもも40点になってしまいます。そして将来、その子が何か壁にぶつかったときに、きっとあなたは、その子の肩を叩きながら、こんなふうにいって諦めさせることになるのです。

「こんな40点のお父さんとお母さんの子だもの、仕方ないよ」

いかがでしょう。厳しい未来像まで示してしまいましたが、僕がここまでいうのは、自分の結婚相手、さらには自分の子どもの将来に影響するほど、自分につける点数には重みがあるからなのです。

モテるから、容姿が優れているから、学歴があるから、収入が多いから……といった「根拠」によって、人は幸せになれるのではありません。誰とも比べず、「私は私」「今のままで100点満点」と思える自信をもつことで、幸せになるためのひとつの扉が開くんだと考えてみてください。

そのうえで、あなたの大切な人たちを思い浮かべてください。

今まで育ってきたなかで、そして今現在、生きているなかで、あなたを愛し、あなたのために心を配っている人たちです。

あなたは、その人たちに何点をつけますか？

１００点と思える両親がいるのなら、あなたが40点である理由はありません。

１００点と思える友人がいるのなら、あなたが40点である理由はありません。

先ほどもいいました。類は友を呼びます。あなたが１００点満点だと思っている人たちのなかで、あなただけが40点ということはないのです。

20年なら20年、30年なら30年、40年なら40年、生きてきただけで１００点満点。

なぜかといえば、先ほどもお話ししたように、誰もが愛を受けて育ち、今なお愛を受けて生きているからです。自分に満点をつけるのに、それ以外の理由も根拠も必要ありません。

何より自分自身がそう思えることが重要です。**自分の存在は誰かの愛情の賜物。そう自覚し、誰とも比べない強さをもって自分を愛することが、幸せの出発点**なのです。

師匠の教え

自分に１００点満点をつける。

これは、じつは僕自身が師匠から教えられたことです。

あるとき、師匠と一緒に街中を歩いていると、ふと、こんなふうに問われました。

「あんたは、このショーウィンドウに映っている自分に何点をつける？」

借金を抱え、結婚を約束した彼女にも去られ、僕が自信を失ってすっかり落ち込んでいたころのことです。「自分に高い点数なんて、つけられるわけないだろう……」と思いながら、こう答えました。

「はあ……、30点ですかね」

すると師匠は、さらにこう問いました。

「そうか、ところであんた、大切な人はいるかい？」

当時の僕にとって、大切な人は母親と兄弟でした。そう答えると、なんと師匠は、急に、その僕の大切な人たちを罵り始めたのです。

「あんたの母親は汚いあばずれだ。あんたの兄弟も、みんな変なやつばかりで、しょうもない」

びっくりして、「なんでそんなことを！」というと、師匠は、こう答えたのです。

「あんたこそ、なんで怒るのか？　さっき『自分は30点』といったのは、あんたのほうじゃないか。あんたが30点なら、30点の子どもを生んだあんたの母親も30点ということだ。同じ母親から生まれたあんたの兄弟も、みんな30点ということだ。私は、それをそのままいっただけだ。それを怒るなら、じゃあ、あんたは自分の母親と兄弟に何点をつけるんだ？」

「もちろん、１００点です」

「そうだろう？　でも、自分を30点といっているあんたは、自分の母親も兄弟も30点だといっているっていうことだ。それだと、きっといつか、大切な人たちを傷つけることになるよ」

ハッとしました。**自分自身に低い点数をつけることとは、自分の大切な人たちをも無意識のうちに貶《おとし》めること**。師匠の言葉で、僕は、そう思い知ったのです。

以来、僕は自分で自分のことを「１００点満点」と思えるようになりました。

１００点満点の母親、１００点満点の兄弟をもつ僕もまた、１００点満点なんだ、と。

もしあなたが自分のことを１００点満点と思えないのであれば、自分の大切な人に点数をつけてみてください。その人は１００点満点ではないでしょうか。であれば、**すでにあなたは１００点満点**なのです。

そして僕が30歳になる直前のころ、初めて講演会という形で人前で話したときに、こんなことがありました。

100人くらい経営者が集まる会だったのですが、話している途中に、やおらひとりの男性が、何やら不満げな顔つきで立ち上がりました。

「さっきから君は自信満々で話しているが、見ていると君はずいぶんお若いようだ。今の自分に点数をつけるとしたら何点か?」

そこで僕がとっさに返したのは、「あ、100点満点です」という言葉でした。すると会場は笑いに包まれました。「若いね」「青いね」「まだまだだね」といったニュアンスを含んだ失笑でした。

それでも気にせず2時間以上の講演を終え、会場からお客さんがいなくなった後、ふと気づくと数名の方がツカツカと僕に歩み寄ってきます。

1人、2人……と数えてみると8人もいます。「なんだろう、またクレームでもいわれるのかな」と思っていると、そのうちのひとりが、こういいました。

「私たちも講演に参加していましたが、あなたが自分の点数を100点満点といったときは笑いませんでした。なぜなら、私たちも自分を100点満点だと思っているからです。100点の人は、100点の人を笑ったりしません。あのときあなたを笑ったのは、100点以下の人たちですから、どうか気にしないでください」

以来、その8人の方とは親しくお付き合いさせていただくようになりました。経営者として、人として、今でも僕が尊敬してやまない方々です。

これが何を意味するか、わかるでしょうか。そう、自分に１００点満点をつけている人は、１００点満点の人を引き寄せるということです。ちょっと意識を変えて自分に１００点満点をつけるだけで、１００点満点の人と出会い、いい関係にまで発展するチャンスが開けるということです。

今お話ししたように、僕は最初から自分に１００点満点をつけていたわけではありません。でも、**「自分は１００点満点」と思えるようになると、人生は大きく好転し始める**ことを知っています。僕自身の経験からそういえるからこそ、あなたにも声を大にして「自分に１００点満点をつけよう」とお伝えしたいのです。

5．自分の言動は必ず自分に返ってくる

――いい面を見つけ、言葉に出そう

「幸せになりたいのなら、ポジティブな言葉を発すること。なぜなら、自分がいったことは必ず自分に返ってくるからね」

これも僕の先生がよくいっていたことですが、当初は正直、「わかるような、わからないような……？」といった印象でした。

なぜ、自分の言動は、自分に返ってくるのでしょう。

先生がいうには、万物は「丸い」からです。

地球も丸いし、人の縁も、つながればつながるほど「円」を形づくります。だから自分が発した言葉は、一周めぐって自分に返ってくる。つまり**言葉は反射して自分に返ってくるというより、めぐりめぐって自分に返ってくる**というわけです。

だから、ポジティブな言葉を発しようという話なのですが、ここにはひとつ陥りがちな落とし穴があります。何もポジティブな状況がないときや、ともすれば悪い状況

のときでも、無理してポジティブな言葉を発するという落とし穴です。

これができるとしたら、相当なポジティブ上級者でしょう。たいていは無理してポジティブな言葉を発することで自分の心を偽り、疲弊してしまいます。

「ポジティブ疲れ」にならない秘策とは

ではどうすればいいのかというと、一番いいのは、人を褒めること。褒める対象があれば、無理なくポジティブな言葉を発することができるからです。

人を褒めている場には、必ずいい空気が流れます。だから、**自分の言葉を通じて人をいい気分にさせ、場にいい空気をつくり出すと、必ず自分に対してもポジティブなものが返ってくる**のです。

その達人ともいえるのは、セレブの奥様たちです。

彼女たちは、身内はもちろん、日々、会う人のことも決してネガティブにとらえません。誰と会っても、まず何かしら褒め言葉が飛び出しますし、口を開けば旦那自慢や子ども自慢です。

セレブの奥様というと嫌みで、すぐに人を値踏みして卑下するイメージがあるかもしれませんが、本物は違います。本物のセレブは、いわば「ピカピカなポジティブメガネ」をかけているのです。

そして「地球は丸い、人の縁も円い。だから自分の言動は自分に返ってくる」という先生の言葉どおり、ポジティブな言動の達人だからこそ彼女たちはセレブになったし、今も、その立場は揺るぎないというわけです。

「陰口」はぜんぶやめて、「陰褒め」しよう

直に褒めるのもいいのですが、陰で褒めると、ポジティブなフィードバック効果はより大きくなります。

なぜなら、人の言葉はよくも悪くも誇張されて伝わるものだからです。

陰口が「そんなに悪くいった覚えはない」という話になって伝わるのと同様、陰で人を褒めると、褒め言葉がさらに膨らんで人から人へと伝わっていきます。

それに、直に人を褒めると、はからずも媚びているように聞こえてしまうこともあるものです。ゴマをすっているように思われたくない、そんな思いから人を褒めることを躊躇してしまうのは、もったいない話です。

「あの人、こういうところがいいよね」という陰褒めなら、もっと人を素直に褒めることができるはずです。陰褒めには、人をたくさん褒められるようになるというメリットもあるといっていいでしょう。

陰でいうとなると、人は陰口で盛り上がりがちですが、陰口を叩く人に、きれいな人はいません。

陰口には、人の魅力を損ねてしまうという恐ろしい作用があるのです。そこに、いい出会いがやってくるはずもありません。

そういう意味でも、自分の言動は自分に返ってくるというのは、本当にあなどれないこの世の仕組みなのです。

だからこそ、いつだってポジティブな言動を心がけてください。

さっきもいったように、何も根拠なく、無理に言葉だけをポジティブにするのではなく、周囲の人やものにポジティブな面を見出す目を養い、それを言語化する習慣をつけてください。

これは、自分がきれいになるためのトレーニングです。最初は意識して行う必要がありますが、続けていくと、徐々に意識しなくてもできるようになっていきます。それが習慣というものです。

ポジティブな言動は、必ず自分にポジティブな作用をもたらす。そのひとつの表れ方として、**日々、発するポジティブな言葉が自分の魅力をアップさせ、その魅力がいい出会いを引き寄せる**と考えてもらえればと思います。

第2章

良縁を招く土台をつくる
——人は、「なる前」に「なっている」

幸せなものに触れるほど、幸せの引き寄せ力が高まる

僕はよく、人は「なる前」に「なっている」という話をします。

たとえば、お金持ちには「長財布をもっている」という傾向がありますが、これは、お金持ちになってから長財布をもつようになったということではありません。

彼らは、お金持ちに「なる前」から長財布をもっていたのです。お金持ちになる人は、実際にそうなる前から、お金持ちになるような習慣が身についている、それが「なる前」に「なっている」ということです。

女性が幸せな出会い、恋愛、結婚をするにも、同様の法則が当てはまります。

いい人と出会い、恋愛し、そして結婚してずっと幸せに生きていく。そんな道のりを歩んでいただく手始めとして、本章では、「なる前」に「なっている」という土台づくりの話をしていきましょう。

人生は「監督・主演：自分」の映画

まず、幸せになりたいのなら、幸せのイメージを自分に刷り込むこと。こういうと当たり前のようですが、実際には、多くの方が実践していないことです。

たとえば、男性との付き合いが長続きしない、すぐに振られてしまう、結婚できない……といった悩みをもっている女性が、「カラオケが好きです」といって失恋ソングばかり歌う。「映画鑑賞が趣味です」といって悲恋を描いた映画ばかり見る。

今まで、こういうケースをいくつ見てきたかわかりません。

でも、**いい人に出会いたい、素敵な恋愛をしたい、幸せな結婚をしたい、そう願うのなら、そのイメージどおりの歌や映画に触れる**ようにしてください。

そう考えてみれば、世の中、失恋ソングばかりでも、悲恋を描いた映画ばかりでもないことに気づくはずです。

それなのに、どうして、不幸せな歌や映画にばかり触れたくなるのでしょう。それはきっと、いまだに幸せをつかんでいない自分の心を、悲しい感情で埋めようとしているだけでしょう。

失恋を引きずっている人もいるかもしれませんが、悲しい歌に悲しい映画と、悲しい気分に浸っているうちに、結婚適齢期も出産適齢期も過ぎてしまいます。

あなたの人生は、あなたが監督、主演の映画です。その映画を悲劇としたいのなら、僕は何もいいません。でも、**ハッピーエンドとしたいのなら、そういうストーリーを書き、演じるのは、あなた自身**なのです。

今日からでも、まったく遅くはありません。

カラオケに行くなら、幸せいっぱいの恋愛ソングを歌う。映画を見るなら、ハッピーエンドの恋愛ものを選ぶ。こうして、人生という映画をハッピーエンドにするイメージを養っていきましょう。

眠りにつく30分間に何を考えるか

それだけでなく、自分自身の結婚式を具体的にイメージするのもおすすめです。

結婚式は、出会いから恋愛、プロポーズへと進んで、幸福感が最高潮に達するとき。そのイメージを高めるために、まず、自分の結婚式でかけたい音楽をいくつか選曲し、ブライダル雑誌も何冊か買いそろえます。

そしてポイントは「寝る前の30分間」です。じつは、この時間帯にイメージすることは実現する可能性が高いといわれているのです。

今まで幸せな恋愛に縁がなかったという人は、寝る前にどんなことを考えてきたか、ちょっと思い返してみてください。

はっきりいわせていただければ、幸の薄い人は、幸の薄いイメージを自分自身に刷り込んでしまっているものです。とくに寝る30分間に、自分の現状を嘆いて悶々としているケースが多いのです。

結婚して幸せになりたいのなら、**眠る前の30分間は、結婚式用に選んだ曲を流しながらブライダル雑誌を眺め、結婚式や披露宴のときの自分の姿を思い浮かべてください。**そして、夜の10時には眠りましょう。10時から深夜２時の間の睡眠はとても重要です。毎日が難しければ、週に１度でもかまいません。

この習慣をつけたら、すぐに恋人ができてトントン拍子で結婚できた女性、倦怠期だったのに、恋人から急にプロポーズされた女性……そんな実例は数限りありません。

今は恋人がいなくても、結婚式に向けて心の準備を整えておく。すると、それに見合った現実が訪れるのです。やはり人は「なる前」に「なっている」ということが、ここでもおわかりいただけるでしょう。

いい出会いを招く部屋づくり

人は「なる前」に「なっている」。これは部屋の状態にもいえることです。**今、自分の部屋はどんな状態かというのは、あらゆる点において「今の自分の運」のひとつのバロメーター、とくに恋愛運を示すもの**だと考えてください。

実際、恋愛テクニックを磨いてみる以前に、部屋をサッと片づけたら、一気に恋愛運が上がる女性は多いのです。

そのため、僕はよく、恋愛相談に訪れた女性に「あなたの部屋はきれいですか？」と尋ねます。

そう尋ねられた女性は、たいていは戸惑いの表情を浮かべ「え、部屋……ですか？私は恋愛の相談をしたいのですが……」といいます。まるで「部屋がきれいかどうかなんて、関係ないでしょう」という心の声が聞こえてくるようです。

でも、考えてもみてください。

いい人と出会い、付き合うようになったら、いずれ、その人を部屋に招くことにもなるでしょう。「そうなったら準備を整えればいいこと」と思うかもしれませんが、予期せぬタイミングで「そのとき」が訪れることも考えられます。

部屋に招き入れたら、相手ともっと親密になれるかもしれない……そんなときに「しまった！　散らかっているんだった！」となれば、帰ってもらうしかありません。

相手は失望し、あなたに対して高まりつつあった思いが、急速に冷めてしまう、そんなことにもなりかねないのです。

部屋のせいで良縁を逃した女性

じつは、これは実際にあった話です。

ある女性のお客さんが、友だちに誘われて合コンに参加しました。そこで気の合う男性と出会ったそうです。恋の予感に、その女性の胸は高鳴りました。

合コンは、その女性のひとり暮らしの部屋の近くで行われていました。そして会がお開きになると、彼が「家まで送るよ」と申し出てくれたといいます。肩を並べ、いい雰囲気で歩く２人。そこにポツポツ、やがてザアザアと雨が降ってきました。

女性の家はもう目の前です。夕立のような雨だったので、おそらく少し雨宿りをすれば、すぐに収まるはずでした。ここで「ちょっと雨宿りしていく?」といえればよかったのですが、そのとき、彼女の部屋は散らかり放題でした。

男性は、雨をチャンスとばかりに期待の表情を浮かべています。それなのに、どうしても部屋に招き入れることができず、結局、雨のなか、彼を駅まで走らせることになってしまいました。その後、彼から連絡が入ることはなかったといいます。

そこで切れてしまうような相手なら、その程度だったということ。そういう考え方もあるかもしれませんが、出会いたての男女なんて、ささいなことで冷めてしまうものでしょう。

でも、部屋さえ片づいていたら、彼を部屋に招き入れたことをきっかけに、この出会いは素敵な恋愛に発展していたかもしれないのです。

元彼につながるものは、すべて処分

誰にでも必ず運命の人はいます。ただ、相手が運命の人になるかどうかは、じつは、ちょっとした行き違いによって簡単に左右されてしまうものです。

だからこそ、やはり「なる前」に「なっている」と考えて、**恋人ができる前から、「恋人を招けるような部屋」をつくっておくことが、出会い力や恋愛力を高めることにつながります。**

ポイントは、ものが多すぎず、きちんと片づいた清潔な部屋です。

不必要なものは処分してください。以前の恋人からもらったものや写真をもっておくというのは、言語道断です。

ものには念が宿ります。いくら後腐れなく別れた相手でも、付き合っていたころにもらったプレゼントや撮った写真には当時の念が入っており、次の出会いを邪魔してしまうのです。

ものだけでなく、携帯電話内に残っている連絡先、さらにはＳＮＳ上のつながりも同様です。携帯電話をリセットするつもりで、元彼につながるものはすべて断ち切ってしまいましょう。

そうじは「玄関」を念入りに

玄関は運の入り口であり、清潔な玄関には良縁が、不潔な玄関には悪縁が入ってきます。家のそうじが行き届いていることが理想ですが、とくに玄関のそうじは念入りにしましょう。

玄関に女性らしさを演出することも、じつは重要なポイントです。たとえば玄関マットをピンクなどの丸型のものに変えてみる、バラなどのポプリを置いて、つねにいい香りがするようにしておく……といったことをするだけでも大違いです。

僕のお客さんには、こんな女性もいました。

その方には2人の娘さんがいたのですが、娘たちの結婚運を高めるために、その方は、夕方になると、家の門から玄関へと続く通路に、バラの花びらをまいていたといいます。

なぜ、そうしたのかと聞くと、「だって先生、いつも『人は「なる前」に「なっている」』っておっしゃっているじゃないですか。私は、娘たちが毎晩、〝バージンロード〟を歩いて帰ってくるようにしたんです」といいます。

なるほど、花びらがまかれた通路を、この方はバージンロードに見立てたわけです。

たしかに、夕方に花びらをまいておけば、娘さんたちは、仕事から帰ってくると必ず、そのバージンロードを通って家に入ることになります。

そのかいあってなのか、２人の娘さんたちは、適齢期のうちにいい男性と出会い、結婚しました。

この方の方法は極端としても、**出会いの入り口ともいえる玄関を清潔で女性らしく整えておく。靴はすべて靴箱にしまい、隅々まで掃き清め、女性らしさを感じさせる玄関マットや香りをあしらっておく**といいでしょう。

ちなみに、マンション暮らしの人には関係ありませんが、一軒家に住んでいる人は、勝手口から出入りしないように気をつけてください。

先ほどもいったように、**玄関は気の通り道です。勝手口ばかり使っていると、玄関で気が通らず、気がよどんでいきます。そのよどみが、恋愛運や結婚運も下げてしまうのです。**

「東南」に住み、観葉植物を置く

家相学でいうと、良縁を招くカギは「東南」です。

まず、東から入ってくる朝日には、出会いの運勢を高める力があります。さらに日中ずっと、南から差し込む日光には、出会いを結婚へと導きます。出会いから結婚へという流れの条件を満たしているのが「東南の部屋」というわけです。

ですから、**一軒家に家族と暮らしている人は、東南にある部屋を自分の部屋にしてもらうといいでしょう。また、賃貸マンションにひとり暮らしの人は、リビングが南に向いている部屋、もしくは東南向きの部屋を選びます。**

日光が差し込むことが重要なので、南向きでも向かいの建物によって光が妨げられてしまう部屋は避けてください。

さらに避けていただきたいのは、「北西」です。

北西は「一家の主」の方角とされています。

したがって、お父さんが北西にいると一家は栄えますが、若い女性が北西にいると、お父さんに代わって、その場所の主となってしまう。つまり、結婚して旅立つことができず、ずっとその場にいる運命となってしまうのです。

これでは、いくら運勢的に恋愛運が高まっている時期でも、いい出会いは訪れないでしょう。賃貸マンションでも同様です。引っ越しを考えている方は、建物の北西の部屋は避けるようにしてください。

さらに、西日が入る部屋にいると、既婚者に言い寄られやすいという傾向もあります。そういう意味でも、西というのは女性にとって結婚運を遠ざけてしまう方角といえるのです。

実際、僕のお客さんでも、今までまったく出会いに恵まれなかったのが、部屋を北西から東南の方角に変えたとたんに、いい男性とポッと出会い、そのまま結婚、今も幸せに暮らしている人がたくさんいます。

ご本人たちは「信じられないことが起こった」「こんなことってあるんですね」と口をそろえますが、僕からすれば、まったく不思議なことではありません。

なぜなら、前にもいったとおり、占いは幾万ものサンプルから傾向を導き出した統計学だからです。

たとえば、積乱雲が発達すると台風が起こる可能性が高いというのは、気象学で出された統計からいえることですね。

北西に住んでいる人は出会い運が低く、東南に住んでいる人は出会い運が高いというのも、いってみれば、それと同じ話なのです。

方角に気をつけたら、**もうひとつおすすめなのは、観葉植物を置くこと**です。

植物には部屋に溜まった悪い気を吸い取る作用があります。

いくら部屋がきれいに片づいた状態でも、悪い気がゼロということはありえません。悪い気は放っておくと日々、少しずつ溜まってしまうものなので、ふだんから植物に吸い取ってもらおうというわけです。**つねに気が浄化された部屋にいれば、自然と異性を惹きつける魅力も上がる**ことでしょう。

氏神様は良縁の神様

みなさんのなかには、良縁を願って縁結びの神様に出かけたことのある方も多いかもしれません。たしかに、縁結びで有名な神社は全国各地にありますが、そこに行く前に、欠かさずお参りしてほしいところがあります。

それは、氏神様です。氏神様とは、自分の家から一番近くにある神社です。わからなければ、地域の人に聞くか、役所などで調べてみてください。

氏神様は、自分ともっとも縁の深い神様であり、どれほど有名な神様よりも、あらゆる意味で強い味方になってくれます。

そんな氏神様が、せっかくいつも見守ってくれているというのに、「どこそこの恋愛の神様はすごいらしい」などと遠くの神様に気を取られていたらどうでしょう。氏神様に相手にされなくなっても、文句はいえないのではないでしょうか。

たしかに恋愛に縁のない人ほど、まるでスタンプラリーのようにして、「縁結びの神様めぐり」をしているものです。

これは、「こんなにたくさんの神様にお参りしている『のに』、恋愛運が上がらない」のではありません。「こんなにたくさんの神様にお参りしている『から』、恋愛運が上がらない」のです。

つまり神様めぐりに夢中になるあまり、もっとも身近で縁の深い神様をないがしろにしているから、一向に良縁に恵まれないというわけです。

「昼間のお花見」でも恋愛運が開ける

氏神様にお参りするとともに、古来、続いている行事にも注目したいものです。

暦上の行事には、すべて意味があります。先人たちは、子孫たちが忘れずに続けられるよう、意味のある行為を、楽しい年間行事として残してくれました。

年間行事を無視して暮らすのは、そんな先人たちの気遣いと知恵を、ないものとするも同然。これほどもったいなく、敬意を欠くことはありません。

年間行事のなかでも、恋愛運を高める効果があるのは、「お花見」です。

「それだったら毎年、行っている」という方が多いと思いますが、大切なのは「いつ、お花見をするか」です。

桜の花は、上から見たら咲いているかどうかわかりません。木の下を通る人に見てもらうために、桜は、一生懸命、下に向かって咲くのです。そんな桜の花のエネルギーは、花開くときにもっとも高まります。

つまり、**日中、下に向かって咲く桜の花のエネルギーを浴びることで、恋愛運が一気に上がる**ということです。

お花見というと、会社帰りに同僚と夜に、という場合も多いのでしょう。

でも、恋愛運を上げるには、お花見は朝から昼にかけて行うのが一番です。

お酒を飲むかどうかは好き好きでかまいません。ただ日中にもっとも高まる桜のエネルギーを存分に浴びてください。すでに恋人がいる人は、お手製のお弁当でも携えて彼と一緒にお花見をすれば、結婚がぐんと近づくでしょう。

パワーストーンは選ぶのではなく、選ばれるもの

誕生月のストーン、金運が上がるストーン、恋愛運が上がるストーン。

いろいろな「効果」を謳うストーンがありますよね。僕の考えでは、パワーストーンに限らず、恋愛を開くためにものに頼る必要はありません。ただ、すでにパワーストーンをもっているという方や、やっぱりもっていたほうが心強いから欲しい、という方もいるかもしれません。

そこで少し、パワーストーンについてもお話ししておきたいと思います。

たしかに天然石には不思議な力が宿っています。ただ、ある効果を求めてストーンを選んだからといって、必ずしも、謳われている効果が得られるわけではありません。

問題は、ストーンの選び方です。

というより、ストーンは自分が選ぶものではないのです。

石には意思があります。「なんだ、つまらないダジャレじゃないか」と思ったかも

しれませんが、真面目な話です。

選ぶのは自分ではなく、**ストーンのほう。ストーンがあなたを選び、あなたが選ばれたことに気づいて、そのストーンを身につけたときに、初めて石の不思議な力を味方につけることができる**のです。

「石に選ばれる……？」——急にこんなことをいわれて、いぶかしく思った方も多いことでしょう。そこでいくつか、「石に選ばれた人たち」の話も紹介しておきたいと思います。

「旅人のお守り」が、結婚相手へと導いた

ある女性は、友人と一緒に行ったパワーストーンのお店で、キラキラ光る石を見つけました。

その光る石は、ターコイズでした。少し詳しい方ならわかると思いますが、ターコイズは本来、光を反射する石ではありません。一緒にいた友人も、「私には光っているようには見えない」といっていたそうです。

ターコイズは、もともと、砂漠の民が長い旅の安全を祈願し、ラクダの首にぶら下

げていた石です。ネイティブ・アメリカンたちも、ターコイズをあしらったジュエリーを作り、戦に出る戦士たちにもたせました。

これらのことから、ターコイズは旅人の守り石として知られるようになりました。恋愛運でも金運でもなく、旅の運勢を高める石。その人は「これから旅に出るわけでもないし……」と思いましたが、どうしても、そのターコイズから目を離すことができません。

すると友人が、「『石に選ばれることがある』って聞いたことがあるけど、もしかしたら、これが、そうなんじゃない？　そんなに気になっているのなら、私が買ってあげる」と、そのターコイズをプレゼントしてくれたのです。

まず自分でターコイズの輝きに気づけたこと、さらに友人がプレゼントしてくれたことが、この人の幸運でした。ターコイズは旅のお守りであり、人からプレゼントされることで、最大限の力を発揮するからです。

ここから、まさに石が運命を導いたとしか思えない出来事が起こっていきました。発端は、その友人と出かけた温泉旅行でした。せっかく旅の守り石を買ってくれたのだからと、一緒に旅を楽しんでみることにしたそうです。

泊まった旅館には、温泉地ではおなじみの卓球台がありました。

その女性と友人は、じつは高校時代に卓球部で仲よくなった間柄です。「久しぶりにやってみようか」ということで打ち始めましたが、ラケットはボロボロだし台は歪んでいるしで、まったく話になりません。

「いくら温泉旅館の余興といっても、あまりにもひどいよね」なんて口々にいっていたところに通りかかったのが、その旅館の主人でした。２人の意見に主人は真摯に耳を傾け、卓球台の設備を一新することを約束してくれました。

これを機に、その女性と友人は主人と親しくなり、その後も交流が続きました。

そして今、彼女は、なんと、その温泉旅館の若女将になっています。じつは旅館の主人も独身であり、卓球台をきっかけに親しくなってから間もなく恋愛に発展し、あっという間に結婚することになったのです。

温泉旅行に行かなければ、この展開はありえませんでした。では、なぜ温泉旅行に行くことになったかというと、そう、友人がターコイズを買ってくれたからです。

あのとき、光るターコイズに目を留めたことが、結婚という運命を開いた。この人はターコイズに選ばれ、幸せをつかむことができたのです。

独りぼっちの老後をバラ色に変えた石

恋愛の石に選ばれて、幸せをつかんだ人もいます。これは、50年以上連れ添った旦那さんに先立たれた女性の、お孫さんから聞いた話です。

その女性は、もともとハイカラで快活な人だったそうです。でも旦那さんを亡くして以来、すっかり気を落としてしまい、認知症の症状まで見られるようになってしまいました。

心配したお孫さんが「おばあちゃんを何とか元気づけたい。パワーストーンをプレゼントしたいけど、何か元気になる石ってありますか？」と、僕に相談してきたのですが、僕に答えられることではありません。

「それはわからないから、おばあちゃんと一緒に石屋さんに行ってみたら？」とアドバイスしただけでした。

そこで、さっそくパワーストーンのお店に連れて行ってみると、最初は下を向いて乗り気でなかったおばあちゃんが急に顔を上げて、ある石を手に取りました。

「この石、キラキラしてる」

それは、ローズクオーツでした。恋愛運を上げる効果があるといわれている石です。

「恋愛の石なんだったら、若いあなたに買ってあげる」

「いやいや、私にはそんな光って見えないし、おばあちゃんが気に入った石なんだから、私が買ってあげる」

こんな問答の末、そのローズクオーツを、お孫さんからプレゼントしたそうです。

それから間もなくのこと、そのご婦人は近所の寄り合いに参加するうちに、同じく連れ合いを亡くした男性と仲よくなり、がぜんイキイキしてきたそうです。ふさぎ込みがちだったおばあちゃんが、また元気になったと、お孫さんもうれしそうでした。

ご高齢の女性と恋愛の石。一見、そぐわないように思えるかもしれませんが、その後の展開から、やはりこの方も「石に選ばれた」ということがわかります。

この方は、恋愛を通じて元気になるタイミングにあったのでしょう。だから「元気になる石」ではなく「恋愛の石」を必要としており、それを察知した石が、この方を選んだのです。

知識ではなく感性で石を見る

ほかにも実例はたくさんあるのですが、このへんでやめておきましょう。

パワーストーンのお店に行くと、いろいろな謳い文句が目に飛び込んでくると思います。でも、「自分が求める効果をもつ石はどれか」ではなく、「どの石が自分を選んでくれているか」に注意を向けてください。

そのためには、実際に見ることも触れることもできないネットショップではなく、実際にお店に足を運んでみることも重要です。

今、紹介したエピソードのように、ある石がキラキラと光り輝いて見えることもあれば、「なんか気になる」と感じることもあるでしょう。

いずれにせよ**「効果」という先入観の入った頭で考えるのではなく、感性を使って石たちを眺めて**ください。

石がネガティブパワーを発するとき

ここでちょっと恐ろしい話になってしまうのですが、パワーストーンの扱い方によっては、石のもつパワーがネガティブに働くこともあります。

たとえば、**「仕事運も上げたい、恋愛運も上げたい、もちろん金運も」**などと、**謳われている効果に目を奪われて、いくつもパワーストーンを買いそろえている人は、**

石のネガティブパワーを働かせてしまう危険があるのです。

謳われている効果重視で、いくつもの石を選んだ末に「何もいいことがない」と石の力をあなどってはいないでしょうか。石をぞんざいに扱ったり、放置したりしてはいないでしょうか。

でも、パワーストーンは、パワーがあるから、パワーストーンなのです。そのパワーは、放置されてもなお失われることはなく、大切に扱われないことでネガティブに働くようになります。

じつはこれも、謳い文句に誘われて、ネットショップで安易にパワーストーンを買っていただきたくない理由なのです。

直に石を見て、感性的に引き寄せられた石を買う。

こんなふうに手に入れたパワーストーンであれば大切に扱うでしょうし、むやみに数が増えることもないでしょう。すると、おのずと石のポジティブなパワーを最大限に受けることもできるというわけです。

もし今、手元にパワーストーンがあるのなら、これからは生き物を扱うように丁寧に扱ってください。

パワーストーンを手放したい場合、もっとも順当な処分法は土に還すことです。山でも林でもいいので、差し支えなさそうな場所を見つけて埋めるといいでしょう。

また、少し変則的ではありますが、パワーストーンのリサイクルショップに引き取ってもらうというのもひとつの方法です。

「お父さんとの仲」も恋愛運に影響する

占いを通じて接する人が増えれば増えるほど、多くに共有する傾向というものが見えてきます。**恋愛や結婚がうまくいかない人には、お父さんとの仲がよくない人が多い**というのも、そのひとつです。

たとえば、30代、40代に入って結婚を考えているものの、なぜか男性との縁が薄く恋愛に発展しない。

付き合っても、どうしても結婚までいかない。

幸い、いい人と出会って結婚したけれど、夫婦関係が悪くなってしまった。

こうした相談を寄せてくる女性に、「お父さんとの仲はどうですか？」と聞いてみると、たいてい「お父さんはいつも忙しくて、一緒に過ごした記憶がない」「思春期以来、仲が悪い」「疎遠になっている」といった答えが返ってくるのです。

出会いを求める前にするべきこと

僕の師匠は、よく、同性の親との仲が悪いと仕事運が悪くなり、異性の親との仲が悪いと結婚運が悪くなると話していました。つまり**女性は、お母さんとの仲が悪いと仕事運が下がり、お父さんとの仲が悪いと結婚運が下がる**ということです。

実際に僕が見てきたなかでも、これはあまりにも多くの女性に共通していました。そのため、恋愛や結婚の悩みがあり、かつ、お父さんとの仲が悪いという人には、次のようにアドバイスするようにしてきました。

「男性との出会いを求めるより先に、お父さんとの仲を見直してみましょう。急に仲よくなるのは難しいかもしれませんが、父の日やお父さんの誕生日に、電話でもいいから話してみてください。できればお父さんを誘って、2人で食事に行ってください」

そして、このアドバイスどおりにしてくれた方からは、決まって、それから間もなくして「彼氏ができました」「結婚しました」「夫婦仲、家族仲が改善しました」といったうれしい報告が寄せられるのです。

「お父さんにかまってもらえなくて、さみしかったという話をぶつけてみました。

『本当はもっと遊んでほしかったし、話したかった』といったら、父が泣きだして、2人で思い切り泣きました。それ以来、よく一緒に飲みに行くようになりました」

こんな女性もいました。

今まで、からきし男性とは縁がなかったのに、この女性から「じつは職場の人からプロポーズされまして……」という報告が届いたのは、それから1か月も経たないころのことでした。

考えてみれば、お父さんは、女性が人生で最初に身近に接する男性です。そのお父さんとの仲が男性との仲に影響するのは、当然といえるのかもしれません。

それに、**血を分けた親を否定することは、すなわち自分を否定すること**です。**恋愛にも結婚にも自己肯定感は不可欠ですから、お父さんを否定しながら自分を否定していることも、恋愛、結婚がうまくいかない一因になっている**のでしょう。

仲直りできなくても、方法はある

そうはいっても、お父さんがすでに亡くなっている人もいると思います。

あるいは、もはや修復の余地がないほど、お父さんとの関係が壊れてしまっているというケースもあるかもしれません。

まず、お父さんがすでに亡くなっている場合は、お墓参りを習慣づけてください。男性とのご縁は、父方の先祖が結んでくれるものです。お父さんとの仲が悪いと、父方のご先祖のご加護が、とくに結婚において弱くなってしまいます。

だから、**お父さんが亡くなってしまっている今では、もう仲直りはできないけれど、せめて墓前で手を合わせて話しかける、これだけで十分**です。

実際、僕は「恋愛がうまくいかない」「失恋してしまった」という女性に、よくお墓参りをすすめます。

男性とのご縁をつないでくださるご先祖様に挨拶ができるし、自分の気分転換にもなります。さらに、お墓参りには、じつは「自信がつく」という作用もあるのです。

恋愛や結婚を妨げてしまう要因は、じつは自分自身のなかにあることも多いものです。その筆頭が「自信がないこと」であり、お墓参りを通じて自信がつけば、恋愛も結婚も、うまくいきやすくなります。

ではどうして、なぜ、お墓参りで自信がつくのか。

ひとことでいえば、お墓参りは「人がすすんで日常的に行わないこと」だからです。

これはトイレそうじなど「徳」を積む話にも通じるのですが、**お墓をきれいに清め、**

「よし、きれいになった」と思うたび、自信がついていくのです。

そういう意味では、お父さんとの仲が悪くなかった人や、お父さんが健在の人でも、お墓参りで恋愛運、結婚運を上げることができるといっていいでしょう。

「理解」が突破口になることも

では、修復の余地がないくらい、お父さんとの仲が壊れている場合は、どうしたらいいでしょうか。

まず、とても不思議な現象なのですが、「お父さんの、こういうところが大嫌い」といっている人は、多くの場合、そんなお父さんと似たタイプの男性に惹かれます。

ですから、「お父さんとは正反対の人」ということを強く意識して、男性を選ぶようにしてください。

そのうえで、とても大事なことがあります。たとえ、お父さんとは正反対の人を選んだとしても、「あること」をしない限りは、その人との関係は恋愛、結婚、幸せな家庭へとスムーズに進んでいかないでしょう。

その「あること」とは、お父さんを許すことです。

一方的にお父さんのことを責めるのではなく、「なぜ、お父さんはそうなってしまったのか」とちょっと考えてみてください。

両親が離婚している場合などは、お母さん側の言い分だけ聞いて育っていることも多いはずです。でも、夫婦の問題は少なからず「お互いさま」です。お父さんは一面では加害者でも、別の一面では被害者だったのかもしれません。

そのあたりにまで考えをめぐらせてみると、お父さんが自分にとって「絶対に許せない人間」ではなくなる場合も多いものなのです。

だから、**今さら仲よくなることはできなくても、お父さんを理解しようと試みること。そして許すこと。**できれば「お父さんのことを今では理解できた気がする。仲よくすることはできないけれど、**許せるようになりました**」と伝えましょう。

すると、お父さんとの仲が、自分の恋愛や結婚に暗い影を落としてきたという現実が一気に変わります。そこから、幸せな恋愛、幸せな結婚への道が、ようやく開かれていくのです。

ちなみに、「逆に、父とすごく仲がよくて、周囲からファザーコンプレックスなんていわれているのですが……？」という人も稀にいるのですが、仲がいいぶんには大丈夫です。

出会い運が高まるよう自分を整える方法

恋愛でも結婚でも、「自分がどうあるか」が、一番大切です。出会い運も、ささいな身だしなみひとつ、ささいな振る舞いひとつで、よくも悪くも大きく変わってしまうものなのです。

「神は細部に宿る」ともいうとおり、小さなことでも軽視できません。知らないうちに、いい出会いを遠ざけていた……なんてことにならないよう、ぜひ次のポイントも押さえておいてください。

難しいことはひとつもありません。「え、こんなことで？」と思われるものもあるかもしれませんが、意識して実践すれば効果は絶大です。

こめかみに「薄いチーク」

占いのお客さんのなかには、うれしそうに「最近、いい出会いがありました」などと報告してくれる方もたくさんいらっしゃいます。

それは素晴らしいことだと思いつつ、僕は、その方のある部分を見せていただくようにしています。

その部分とは、「こめかみ」です。こめかみは、じつはご縁のよしあしがはっきりと箇所なのです。「いい人に出会いました」という、そのご縁が良縁であればピンクがかった色になりますし、悪縁ならどす黒い色になります。

では、ここに、人は「なる前」に「なっている」の法則を当てはめると、どうなるでしょう。

簡単な話です。**薄くてかまわないので、ピンク色のチークを少々、こめかみに塗っておきます**。すると恋愛の流れがよくなるため、悪縁は自然とはじかれ、良縁に恵まれやすくなるでしょう。

リップクリームの塗り方にもコツがある

出会い運を高める外見のポイントは、まだあります。

潤いのある「唇」は、女性の魅力のひとつです。

人相学の観点からしても、唇は愛情運を示す部位であり、唇がカサついていると恋人や夫婦の仲が悪化しやすいとされています。現に「最近、夫とうまくいっていなくて……」と夫婦仲や離婚の相談に訪れる女性は、みんな唇がカサカサしています。

リップクリームを持ち歩いている人も多いと思いますが、ここでお話ししたいポイントは、じつは唇の潤いそのものではありません。異性の前でリップクリームを塗る際のポイントです。

スティック型のリップクリームでも、唇に直に塗るのではなく、まずクリームを薬指につけ、その薬指で唇に塗るようにしてみてください。

あからさまにすると下品になるので、あくまでも、さりげなく。それが男性にはセックスアピールになり、あなたを女性として意識するきっかけになるのです。

しかも、ケガをケアすることを「手当て」というように、手には体を癒すパワーがあります。女性の大切な唇に薬指で手当てをすることで、単に唇が潤う以上の効果があるというわけです。

冗談のような話と思われるかもしれませんが、効果は実証済みです。

ほんの一例を挙げれば、「今まで合コンでうまくいった試しがない、今度の合コンも、男性陣のスペックが高すぎて自信がない」といっていた女性に教えたところ、全員に、その合コンで彼氏ができ、今のところ、うち2人は結婚が決まっています。

清潔で、ほんのりいい香りのする手は魅力的

「手」も女性の魅力が宿る場所です。

派手なネイルは避け、ナチュラルな清潔感を出します。マニキュアを塗るとしても透明なネイルコーティングくらいがいいでしょう。

手肌のなめらかさ、柔らかさも重要です。**これから出会い運を高めたい人には、新たな出会いを引き寄せる効果があるローズ系の香りのハンドクリームがおすすめ**です。

よくあるラベンダー系もいい香りなのですが、じつは人をけん制する効果があります。会社で苦手な人や、友人関係であまり付き合いたくない人がいるときなどには使えても、新しい出会いを求めている人にはおすすめできません。

幸せな物語を「音読」しよう

初対面で自己紹介されたときや、カラオケで歌声を披露されたときに、相手が「いい声」だと印象に残りますよね。それくらい、声には力があります。いい声は、いい出会いを呼ぶ。そういっても過言ではありません。

声を磨くには、声を出す練習あるのみです。

たとえば、**寝る前のつかの間の時間を使って、ハッピーエンドの物語を音読する**というのはおすすめです。幸せな気分で眠りにつくと、幸せを引き寄せる力が高まるという効果もあります。

「服装」「髪」も女性らしく

好んでズボンをはく女性もたくさんいると思います。個性も好みも人それぞれですが、出会いを求めるのであれば、ぜひスカートも着てください。

婚活パーティや合コンのときだけスカート、ではいけません。

人の仕草は、日ごろ着ているものに左右されます。ズボンをはいていると仕草は男性っぽくなり、スカートをはいていると仕草は女性っぽくなるものなのです。

座り方ひとつとってみても、普段、ズボンばかりはいている人は、平気で足を開いて座ります。でもスカートを日ごろからはくようにすれば、自然と足をぴったり閉じて座るようになるでしょう。

まず服装を変えてみることで、自然と女性らしい振る舞いも身についていくというわけです。

では、髪型はどうでしょう。

じつは長い年月をかけて伸びていく髪には、過去に浴びてきた悪い気が蓄積しやすく、仕事で成功するには髪は短いほうがいいとされています。

失恋した女性が、ばっさり髪を切るという話もありますね。過去の縁を断ち切るという意味で、これは理にかなっているといっていいでしょう。また、髪についた悪い気をはらうには、週に1回くらい、洗髪に塩を使うのも効果的です。

ただ、髪には悪い気が蓄積しやすいといっても、女性にショートヘアをおすすめしたいわけではありません。長くツヤのある髪は、女性らしさを醸し出す魅力のひとつでもあるからです。

真っ直ぐな髪より巻き髪のほうが、運や縁を「巻き込む」力が強くなります。**パーマをかけたり、毎朝、コテを使ったりして髪を巻いておくと、自然と出会い運も高まるでしょう。**

男性に「結婚」を想像させる女性の共通点とは？

突然ですが、何年もお付き合いしているのに、男性が結婚を先延ばしする3大理由は何か、わかりますか。

先に答えをいってしまうと、「自分にはやりたいことがある」「仕事が忙しい」「お金がない」の3つです。

でも、「やりたいことがある」（その真意は「もっと遊びたい」であることも多いのですが）といって結婚を避けていた男性が、やりたいことを叶えて仮に結婚したとしても、また、やりたいことができたら離婚するということです。

「仕事が忙しい」といって結婚を避けていた男性が、仕事が忙しくなくなって仮に結婚したとしても、また忙しくなったら離婚するということです。

そして「お金がない」といって結婚を避けていた男性が、お金ができて仮に結婚したとしても、またお金がなくなったら離婚するということです。

僕が何をいいたいのか、わかるでしょうか。

つまり、**この3つを「結婚を避ける理由」とするのは、おかしい**のです。これらをいわれても、あなたが待たなくてはいけない道理はありません。

本当なら「俺にはやりたいことがあるし、仕事も忙しい。お金もない。でも君にそばにいてほしい。だから結婚してほしい」になるはずです。「結婚を先延ばしする3大理由」は、本来、「プロポーズする3大理由」なのです。

それなのに、これらを理由に男性が結婚を先延ばしにするのは、なぜでしょう。

「俺にはやりたいことがあるし、仕事も忙しい。お金もない。でも君にそばにいてほしい。だから結婚してほしい」――そういわない男性も問題ですが、結婚するメリットとデメリットをはかりにかけたときに、多くの男性はデメリットのほうが上回ると考えてしまうことも事実です。

そのデメリットを上回るメリットを、女性のほうが見せてあげなくてはいけない場合も多いのです。

ではまず、男性がメリットを見出せないのはなぜでしょうか。

ひとつ考えられる大きな理由は、付き合っている女性が「家庭的でないから」です。

一般的に、結婚すれば男性は働き、女性は家を守る。共働きが増え、夫婦で家事を分担するケースも増えてきているとはいえ、やはり男性は、女性に「家庭」を求めるものです。

では、「家庭」を象徴するものとは、何でしょう。

そうじに洗濯、これらも大切ですが、そうはいっても単なる家事の域を出ません。

何よりも「家庭」を象徴する、もっとも重要なもの、それは「料理」です。

「男の心をつかむには、まず胃袋をつかめ」。誰が最初にいったか知りませんが、昔の人はうまいことをいったものです。

これは本当にそのとおりで、**「この女性の料理を一生、食べたい」という思いが、男性に結婚のメリットを意識させる**のです。

開運アドバイザーが料理の先生に？

僕のお客さんにも、料理で意中の男性を射止めた人がいます。

その女性のお客さんは、「彼氏いない歴＝年齢」で、恋愛に自信のない人でした。

そんな彼女があるとき、「好きな人ができました……」といってきました。

看護婦である彼女が好きになったのは、勤める病院に赴任してきたばかりの医師でした。

独身の男性医師は、ただでさえ看護師の女性たちの注目の的です。そのうえ彼はそうとうハンサムだったため、「かっこいい」「付き合いたい」「結婚したい！」と、ナースセンターは彼の話題でもちきりだといいます。

「私なんて体型はドラム缶だし、顔もよくないし、ライバルが多すぎて、きっとダメ。でも、好きなんです……」

こういってうなだれている彼女に、僕はメモ帳にサラサラと、あることを書きつけて渡しました。書きつけたのは、クリームシチューの作り方。料理が得意でない人でも簡単においしくできる、僕の特製レシピでした。

『一緒に食事に行きませんか』とはなかなかいえないですよね。でも『作りすぎちゃったので、よかったら食べてください』ならいえるでしょう。彼はひとり暮らしですよね？　泣き言をいっている暇があったら、このレシピどおりに作って、彼のところに持って行ってください」

「え、そんな、でも……」とためらう彼女を、「明日にでも、絶対、実行してくださいね」といって送り出しました。

すると数日も経たないうちに、彼女が興奮気味に報告に訪れました。

「先生のいったとおりにしたら、彼から食事に誘われました！」

聞けば、手作りの料理に飢えていた彼は、彼女が持っていったシチューに痛く感激し、「お礼に、今度食事でも」と誘ってきたそうなのです。

僕は「なるほど。だったら、食事に行くより、もっといい方法がある」と、今度は肉じゃが、おひたし、具だくさんのみそ汁の作り方を書いて彼女に渡しました。

「『外でお食事というのも素敵ですが、そんなに私の料理を気に入ってくれたのなら、うちにいらっしゃいませんか？　大したものは作れませんけど……』って誘ってみて。献立はこのとおりにすればいいから」

そして「え、でも、そんな……」とためらう彼女を、「明日にでも、絶対、実行してくださいね」といって送り出しました。まるでデジャブです。

こんなことを何回くり返したでしょうか。

やがて彼女も自分で料理の腕を磨き、私のレシピがなくても、彼においしい料理を振る舞えるようになっていきました。

そうしているうちに、看護師仲間の何人ものライバルたちを差し置いて彼と付き合うことになり、ついには結婚まで決まってしまったのです。

「男の心をつかむには、まず胃袋をつかめ」――まさにそのパターンでした。

でも最初に彼の胃袋をつかんだのは、じつは僕だったということは、彼には一生の秘密……とのことです。

男性の胃袋をつかむには

今のエピソードからもわかるように、何もフランス料理のフルコースのような、立派な料理ができるようになる必要はありません。

料理といっても、まったく気取らないものでいい、いえ、気取らないもののほうがいいのです。

たとえば、肉じゃが、魚の煮つけ、野菜のおひたし、ちょうどいい味加減のみそ汁、そして炊きたてのご飯……。**「家庭料理」と聞いてパッと思い浮かぶような料理が、男性の心には一番響きます。**

女性も仕事でキャリアを積むようになって久しい現代、あなたも日々、忙しく過ごしているかもしれません。でも、結婚したいのであれば、男性が自分に何を求めているかを知ることも重要でしょう。

こういってはなんですが、いつの時代も男性は単純です。求めるものは、ほぼ変わりありません。

男性を食事に誘うのはハードルが高くても、先ほどの女性に僕がアドバイスしたように、「作りすぎちゃったので、よかったら……」なら、きっといえるでしょう。

家庭料理は、意中の男性との距離を一気に縮める絶好のツールです。

仕事で忙しいなかでも、休みの日には基本の料理書でも開いて、家庭料理の腕を磨く。これも「なる前」に「なっている」ため、すぐにでも結婚できる自分になるための、ひとつの秘訣なのです。

もしかしたら、いきなり手料理を持って行ったら「重い」と思われるのでは、と心配になった人もいるかもしれません。今後、実際に男性から「重い」といわれることもあるかもしれません。

僕のお客さんにも、「料理を作ったら『付き合ってもいないのに急に手料理だなんて、重い』といわれた」としょんぼりして、アドバイスを求めてきた女性がいました。

僕は彼女にいいました。**「手料理を『重い』という男性がいたとしたら、それはあなたが重すぎるのではありません。男性のほうが『軽い』だけのことです」**と。

つまり、その男は、彼女が心を込めて作った料理を、受け止めるほどにもない男だったということ。落ち込む必要はいっさいなく、むしろ、その程度の男だと早くわかってよかったと思うべきところだったのです。

こう伝えると、彼女の顔がみるみる明るくなっていきました。

そもそも、手料理には心がこもっていて当然です。

なかには、お母さんから料理を習う人もいるでしょう。それは、何十年もかけて育ててきた娘に教える家庭料理です。

いずれにせよ、あなたが心を込めて作った手料理が、軽いはずがないのです。

それを受け止められないような男なんて、こちらから願い下げ。そう考えて、あなたのほうから早々に見切り、次の出会いを求めればいいのです。

大丈夫、軽い男を避けていくうちに、いずれきっと「ありがとう」「おいしい」といって食べてくれる人が現れます。

出会い運を開くために「やめたいこと」

今まで、出会い運を開くために、ぜひ実践してみてほしいことをお話ししてきましたが、逆にやめてほしいこともあります。

ひとつめは、「暗い色の服」を着ること。その筆頭は黒ですが、グレーや茶色などの色にも偏らないようにしてください。

前にも述べたように、僕が行っている占いは、すべて統計に基づいたものです。つまり何か不思議な力によって「わかる」のではなく、数的に一定の傾向があるから「予想がつく」ということです。

暗い色の洋服ばかり着ている女性に、幸せな出会い、幸せな恋愛、幸せな結婚をしている人は圧倒的に少ないというのもそのひとつです。

僕のところに、「結婚できない」「夫との仲がうまくいっていない」といった相談に訪れる方で、明るい色の洋服を着ていた人は、今のところ、ひとりも思い当たりません。決まって黒やグレーといった暗い色合いでコーディネートされているのです。

恋愛や結婚がうまくいかなくなって、気持ちが落ち込んでいるから、そういう色合いの洋服を着るようになったのでしょうか。

いいえ、恋愛や結婚がうまくいかなくなる前に、すでに、そういう暗い色合いの洋服ばかり着ていたはずです。やはり「なる前」に「なっている」のです。

「黒」は良縁を遠ざける色

ではなぜ、暗い色の洋服は避けたほうがいいのでしょう。これにはいくつか、理由があります。

まず、黒は「別れ」を象徴する色だからです。

たとえば、お葬式は亡くなった方との別れの儀式ですが、そこで着る喪服は黒です。結婚式で両親が黒い羽織袴や留袖を着るのも、それが若い２人の門出を祝う儀式であると同時に、両親の元を離れて自分の家庭を築いていく子と親の、別れの儀式でもあるからです。

いい人と出会いたいのに出会えない。それは、別れを象徴する色ばかり身につけているために、無意識のうちに出会いを遠ざけてしまっているからかもしれません。

「暗い色の服」に偏らないように

なかには、体がスッキリして見えるから、黒などのダークな色を好んで着ている、という人もいるかもしれません。

言い換えれば、体型というコンプレックスを隠すために、暗い色を身につける。じつはそのことで、遊び人が寄ってくる確率が高まってしまう……といったら驚かれるでしょうか。

女性を手玉に取るような男は、女性の心につけ込むことに非常に長けています。彼らは女性が抱えているコンプレックスを見抜き、言葉巧みに褒めそやすことで、女性の心に入り込むのです。

つまり、体型を隠すために暗い色の服ばかり身につけるのは、「私は体型にコンプレックスがあります」と公言しているようなもの。そこにつけ込んで、つかの間の火遊びを楽しみたいだけの男が寄ってくることも多いというわけです。

暗い色の服は絶対に着るな、とはいいません。ただ、**女性は生来、男性を惹きつけ**

る「花」であるということを忘れないでほしいのです。

桜、チューリップ、ダリア、パンジー、コスモス……。明るく上品な色のお手本を自然のなかに探せば、おのずと、花である女性として身につけるべき色がわかってくるでしょう。

「厚化粧」「カラコン」はダメ男を引き寄せやすくする

コンプレックスを公言する作用があるのは、黒い服だけではありません。「厚化粧」と「カラコン、フチコン」も同様に、「私は自信がないです」というサインと受け取られます。そういうサインに、ダメ男は敏感です。

つけまつげに、濃いアイメイク、こってりと塗られた口紅、きわめつけにカラコンやフチコン。そんな女性に、ダメ男は「素敵だね」「きれいだね」といい続けます。

誰でも褒められて悪い気持ちにはなりません。ましてや、コンプレックスとなっている外見を褒められ続けたら、つい心を奪われてしまっても不思議はありません。

でも、**そういう場合の多くは、もともと男性のほうに真剣なお付き合いをする気はなく、あなただけが、時間を無駄にするうえに傷つく可能性が高い**のです。

ただ、出会いを恋愛に発展させるうえで、目元を強調するのは重要なことでもあります。とはいえ、「裸眼」（透明なコンタクトレンズなら裸眼と考えてかまいません）で勝負しなくては、相手にアピールする目力は出ません。

「コンプレックスがあります」と伝わってしまう濃いアイメイク、カラコンやフチコンをすることなく、目元を強調するには――？

そこでおすすめしたいのが**「だてメガネ」**です。

おそらく意外に思われた人が大半でしょう。メガネは一方で「ガリ勉」や「目立たない人」といったイメージもあり、コンタクトレンズのCMでは、いまだに「メガネを外したらモテ始めた」といった描写が当たり前です。

でも、本当はちょっと違うのかもしれません。

あるきっかけで、メガネは意外と男心に響くのではないかと思い至り、女性のお客さんたちに「婚活パーティや合コンに行くなら、濃いアイメイクもカラコンもフチコンもやめて、メガネをかけて行ってみて」とおすすめしてみました。

すると、**今までさっぱりモテなかった人が、だてメガネをかけたらモテだした、素敵な彼氏ができた**という報告が続々届くようになったのです。運勢的に見て、特段、モテ期に入っているわけでもないのに、です。

メガネフェチが多いから、メガネをかけた女性は知的で魅力的に映るから、メガネをかけていると印象に残りやすいから、メガネがあると目のあたりに視線が行き、目を見つめることになるから……理由はいろいろと考えられます。

コンプレックスという弱みにつけこむようなダメ男ではなく、メガネをかけて知的な女性には、いい男が引き寄せられる、というのも考えられるかもしれません。

ともあれ、事実として、メガネをかけたらモテたという実例が、数的に無視できないくらい積み重なっているのです。濃いアイメイクやカラーコンタクトでコンプレックスを表明するくらいなら、ぜひ、あなたに似合うおしゃれな「だてメガネ」をかけて男性と会ってみてください。

「小指に指輪」は縁を断ち切る

いっとき世間では「小指に指輪をすると出会い運が高まる」なんていわれていました。それがじつは正反対な結果を招いていたとしたら、なんとも皮肉な話でしょう。

ある男女が縁あって出会い、絆を育み、そして結婚する、これらの漢字のすべてには「糸」という字が含まれています。そして男女に限らず、**人と人との縁をつなぐ糸**

は、小指から出ていると考えられているのです。

任侠の世界では、足を洗うときに小指を詰めます。小指から出ている糸でつながった、その世界との縁を、小指を詰めることで断ち切るというわけです。

少し怖い世界の話になってしまいましたが、「小指の指輪」も、小指を詰めるのと同じことです。そこから出ているたくさんの縁の糸を、すべて断ち切ることになってしまうのです。

なぜ結婚指輪は薬指にはめるのか

小指から出ている糸でつながる、さまざまな縁。そのうち、いわゆる「運命の人」が現れます。そこで育まれる絆の糸は、小指から薬指へと移ります。

そして結婚するときには、互いに指輪を交わし、薬指にはめますね。**薬指に結婚指輪をはめるのには、特定の相手と縁あって出会い、絆を結び、結婚する暁に、その相手以外の人との縁を封じるという意味合いがあります。**

だから、浮気や不倫をする人は、結婚指輪をはめません。本人としては結婚していることを隠しているだけのつもりですが、指輪をしないことで妻以外の女性と新たな縁を結び、絆を強めるほうへと運命が流れていってしまうのです。

そう考えるにつけ、「小指に指輪をすると出会い運が高まる」というのは、いったいどこから生まれた話なのかと、疑問を感じてしまいます。

世の中には、人の不安に弱みにつけこみ、あの手この手で商売のタネにしようとする人がいるのでしょう。

でも、いい人と出会い、恋愛し、結婚するために必要なのは、多くの人にとっては意外なほどシンプルなことばかりです。すべて理屈で説明がつきますし、わけもわからず、お金を出さなくてはいけないものはひとつもありません。

ですから、どうか人の不安を商売にするような人たちの魂胆にはまらないようにと、僕としては祈るばかりなのです。

ピアスは、なるべく開けないほうがいい

さて次に挙げたいのは、「耳たぶ」です。

「人間の体に必要な穴は全部、生まれたときにすでに開いている」

「体は神様からの借りもの。それを自分で傷つけていいはずがない」

これは、僕の先生の口グセでした。とくに**女性の場合は、耳たぶに穴を開けると、そこから女性特有の魅力が流出してしまう**ともいわれています。

これから開けようかと迷っている方には、思いとどまっていただけたらと思います。

すでに開けている人は、耳たぶをやさしくマッサージ。女性の魅力の源のひとつである耳たぶをやさしく扱うことで、魅力の流出を食い止めることができます。

「車内で化粧」は女性の魅力を下げる悪習慣

女性にとって化粧とは、自分の理想の顔をつくるもの。つまり、化粧後の顔を見せてこそ自信をもって人と接することができるはずなのに、その過程を見せてしまっては、本末転倒でしょう。

「たしかに彼氏や好きな人に見られたら恥ずかしいけど、知らない人に見られるぶんには全然かまわない」と思った方は、大きな勘違いをしています。

たくさんの人の目につくなかで化粧をするのは、その場にいる人が抱く印象以上に、自分の内面に及ぼす影響が大きいのです。**理想の顔へと仕上げていく過程をさらすことで、自信が損なわれ、魅力も失われていく**と考えてください。

コラム 1

「気になる人」は「好きな人」

恋愛の相談に訪れる女性の話を聞いていると、たびたび奇妙な表現に出くわします。25歳以上の女性が決まって使う、「気になる人」というのも、そのひとつです。

僕が「今、好きな人はいるんですか？」と聞くと、「うーん……。『気になる人』はいます」と答える女性がとても多いのです。

「それは『好きな人』っていうことでしょう？」と僕が返しても、「いえ、別に好きってわけじゃありませんけど……」と言葉を濁します。

「じゃあ聞きますけど、道ですれ違う見知らぬ男性のことも『気になる』んですか？会社に20人も30人も『気になる人』がいますか？　いないでしょう。今、『気になる人』はひとりだけのはず。それは『好きな人』ってことなんですよ」

ここまでいうと、ようやくお客さんも「ですよね……」と認め、ようやく恋愛相談が始まります。それにしても、いちいちこのやり取りを経なくては始まらないのは、いったいなぜなのでしょう。

中学生や高校生の女の子は、「気になる人」なんて回りくどい言い方はしません。

10代のころは、あんなに素直に「好きな人」といえたのに、どうして、25歳を過ぎたあたりから「気になる人」といい始めるのか。

おそらく、これは「逃げ」です。

10代の恋愛は学校生活の余興のようなものですが、25歳を過ぎ、結婚を意識するようになればなるほど、恋愛の切実度はどんどん増していきます。切実度が増すぶん、失恋する恐怖も大きく感じられるものです。

そんななかで「好き」と認めてしまったら、相手も自分を好きなのかどうか確かめなくてはいけなくなる。そこに向き合うのが怖くて「好きなわけではない、気になるだけだ」と逃げているのです。

でも、後で詳しく説明するように、本当は、なるべく早く相手の気持ちを確かめることこそが、結婚の近道です。

僕が「気になる人」という女性に、「それは『好き』ってことなんだ」とハッキリ告げるのも、「好き」と自覚することで、早く幸せな結婚にたどり着いてほしいがためなのです。

第3章

自分を磨く
——出会い力を高める秘訣

自分を高めるほどに、出会う男性の水準も自然に上がる

出会えれば誰でもいいわけではなく、「いい人」と出会いたいものでしょう。出会いの量を増やすというより、出会いの質を高めていく。そのために重要なことを、ここではお話ししていきます。

まずお伝えしたいのは、異性との間にも「ルイトモ」があるということ。類は友だけでなく、運命の相手も引き寄せます。**自分の水準が高ければ、水準の高い男性が引き寄せられてくる**のです。

水準の高さを何に求めるかは、人それぞれでしょう。仮にそれを「仕事で成功していて、標準以上の収入があること」とするならば、自分自身の仕事の水準も高める必要があります。

結婚は現実逃避の手段ではない

僕のところに相談に訪れる女性のなかには、仕事や上司の悪口をいいながら「ああ、早く結婚したい」「でも、いい男が全然いない」という方も少なくありません。

彼女たちの頭のなかでは、おそらく、こんな思考回路が働いています。結婚して専業主婦になりたい。そうすれば今の不満だらけの生活から抜け出せる――。

つまり結婚を、格好の現実逃避の手段と考えているわけです。

そういう人に「なるほど、今の仕事がパッとしないんですね」と返すと、我が意を得たりという感じで「そうなんです～！」と、また不平不満のオンパレードが始まります。

そこで僕が、「大丈夫ですよ、このまま行けば、あなたにぴったりの男性が現れますから」というと不平不満がピタッと止まって、「そうなんですか？」と怪訝な顔。

そこで真意を明かします。

「そうですよ、あなたにピッタリの、仕事に不平不満だらけで収入も低い男性ですね。だってそうでしょう？　仕事で成功して収入も高く、充実感でキラキラ輝いている男性が、今のあなたに魅力を感じると思いますか？　そういう水準の人と出会って恋愛したいのなら、まず自分自身のレベルを上げなくていけません」

ここでお客さんが見せる反応はさまざまですが、わかってくれる人は自分自身を見つめ直すことになります。

ビジョンをもって動いている人は自然と輝く

仕事を通じて自分のレベルを上げると、出会いのレベルも間違いなく上がります。仕事で自分が輝けば、出会いも輝きだすということです。

といっても、これは、仕事、仕事で毎日を埋め尽くすというのとは少し違います。一番大切なのは、いうなれば「10年後、20年後のビジョン」を思い描いているか、ということ。**ただ漫然と毎日をやり過ごすのではなく、この先にどんな未来像があるのか、どんな未来像を望むのかと、きちんと考えてみること**です。

第1章でも「後悔のない、幸せな未来をつくっていくにはビジョンが不可欠」という話をしました。それは、自分の仕事においても、まったく同じことがいえるのです。

独身で、20代以上であれば、何かしらの仕事についているはずです。あなたは今の自分の仕事に満足していますか。

たとえば、「事務の仕事で収入はぼちぼち。別に不満はない」といったことであれば、10年後、20年後のことを考えてみてください。

「10年後も同じ職場で働いているのは、ちょっと想像がつかない」としたら、10年後に、あなたは何に向かって動いていたいのでしょう。

10年もあれば、けっこう、いろいろなことができます。

大学の法学部で４年間、勉強した人が、卒業後５〜６年の勉強を経て司法試験に受かる。准看護婦として10年もスキルを磨いた人が看護師長になる。10年という年月はあなどれません。

現状に大きな不満はないけれど、今のままでいいわけでもない。ならば、向こう10年を漫然と過ごすのではなく、何か目標をもって働いてみてください。

すると、仕事を通じて自分のレベルが一気に上がります。**何かに向かって動いている人というのは、それだけで輝くもの**だからです。

そして輝いている人には、輝いている人が引き寄せられるものです。**10年後のビジョンを描き、それに向かって動きだすことで、出会う男性の水準も自然と上がっていく**というわけです。

ですから現状、恋愛がどうもうまくいかないのなら、「仕事に打ち込んでみよう、仕事で向上しよう」というのもひとつの考え方です。

恋愛も婚活も、仕事から逃げるためにあるのではありません。仕事を充実させることで、自然に恋愛も婚活も充実してくるのです。自分の水準が上がれば、それに周りの水準もついてくるんだと考えてください。

「いかに男を見極めるか」より大事なこと

よく「いい男を見極めるには、どこを見たらいいか」という質問を受けます。付き合った後でも紹介するように、男性の将来性や本質を見極める方法はあります。付き合っている男性の友だちを見れば、その男性の本質がわかる、といった方法をすすめる人もいるでしょう。

間違いではありませんが、こうした「男を見極める方法」の類は、いわば副次的なものです。

大前提として「自分を高める」という部分が抜けていては、どれほど男性を見抜く目を鍛えても、望ましい相手とうまくことはないでしょう。

仮に、将来性のある男性や本質的に素敵な男性を見極めることができても、相手が自分を魅力的と思ってくれなくては、恋愛は始まらないからです。当然、その先の結婚もありません。

でも、**あなた自身が輝いていれば、そんなあなたにふさわしい男性として、将来性のある男性や、本質的に素敵な男性が向こうからアプローチしてきます。**

そうなれば、もう血眼になって「いい男はいないか」と、かえって男性が引いてしまうような態度をとる必要もありません。いい男性を見極める方法を50も１００も覚えて、頭が混乱することもありません。

出会いがありそうな場所に出かけることは必要ですが、すでにレベルが高まっていれば、その場では自然に振る舞うだけでいい。いわば、ミツバチを引き寄せる「花」でいればいいのです。

遠回りのように見えて、じつは自分を高めることが、もっとも幸せへの近道になるというわけです。

ビジョンで運命を切り開いた女性

「夜の仕事」は、どうしても生活が昼夜逆転しがちであり、1日のなかでもっとも気のいい朝に活動しない生活を続けていると、どうしても恋愛運は下がってしまいます。

しかも夜の仕事は、いってみれば「時間」と「若さ」を売る仕事ですが、誰もがいずれ若さを失います。つまり若さだけに頼って夜の仕事をしていると、40代以降、提供できる価値が何もない人になってしまう危険もあるのです。

ただ、一概に「夜の仕事はダメ」といえないのは、やはりビジョンの有無によって運命は大きく変わるからです。

単に「当面の生活のために、お金のいい夜の仕事をしている」「ブランド品を買い集めたいから、夜の仕事をしている」という考えだと、自分を高め、恋愛運を開いていくことはできないでしょう。

一方、20歳で夜の仕事に就いた、ある女性がいました。専門学校に通っていたのですが、夜の仕事が思いのほか身に合ったので、卒業後も、「もっとこの世界でがんばってみたい」と続けることにしました。

彼女の意思は固く、その世界で一番になるという将来も見据えていました。だから「これが私の再スタート。先生に新しい源氏名を考えてほしい」と頼まれたときにも、僕は、快く引き受けました。

その後、彼女がどうなったかというと、まず地元福岡県で一番大きなクラブで、ナンバーワンになりました。それから銀座のクラブにヘッドハントされて東京へ行き、そこでも努力を重ねた末に、ナンバーワンになりました。

このとき彼女は25歳、年収は約１５００万円にまでなっていました。

「これからどうするの？」と聞くと、「もう夜の仕事は辞める。この7年間で不動産収入も得られるようになったことだし、別の仕事をしたい」といいます。

「別の仕事」というのも、すでに決まっていいました。

銀座のクラブで働いていたころのお客さんから、「君のコミュニケーション能力は素晴らしい。きっと営業でも能力を発揮できるだろうから、自分の会社の営業担当になってほしい」というオファーが入っていたのです。

その営業の仕事でもメキメキと頭角を現し、あっという間に営業成績トップになったそうです。そんななか、ある男性と出会ったそうで、「彼と結婚します」という報告に来てくれたのが、つい最近のことでした。

この女性は、夜の仕事からスタートしながらも、自分のなかに明確な意思と目標があったことで仕事も恋愛もうまくいきました。この実例からも、やはりビジョンや目標の有無が運命の分かれめだということが、よくわかるのではないでしょうか。

どんな仕事でも、場当たり的に、漫然と続けていては、仕事で輝くこともなければ、いい出会いも訪れません。

でも**自分なりにビジョンを描き、目標に向かって動いていると、仕事も恋愛も、まるで申し合わせたように、いい方向に転がりだす**のです。

友だちの幸せを喜べる人には、必ずいい出会いがある

結婚適齢期のころから、女性の友だち付き合いは少しずつ変化していきます。

学生時代には四六時中、一緒に過ごしていた友人が結婚、出産をしてから、何となく疎遠になってしまった……。

女性なら誰でも経験のあることではないでしょうか。

女性のライフスタイルは、たしかに結婚、出産で激変します。以前は、思い立った時に気軽に誘い合って食事や旅行に出かけていた仲でも、片方が結婚、出産を迎えると難しくなり、そのために、段々と会わなくなってしまうのです。

ただ、「友だちのライフスタイルが変わってしまったから、疎遠になってしまった」という言い分には、ひとつ欠けている視点があることにお気づきでしょうか。

それは「相手のライフスタイルが変わったのなら、そちらに合わせてみよう」とい

う視点です。

つまり、**「自分とライフスタイルが合わなくなったから、疎遠になっても仕方ない」ではなく、友人の幸せを我がことのように喜び、自分から相手に合わせてみる。**仲のよい友人ならば、そうした発想があってもいいのではないかと思うのです。

すると、じつは自分自身にも、いい効果が現れます。

結婚した友だちの空気に触れに行く

結婚した友だちの家に遊びに行く。友だちの子どもとも、積極的に触れ合ってみる。こうして、友人の幸せを喜びながら、その空気に触れるなかで、自然と自分自身の結婚や家庭のイメージもふくらんでいくでしょう。

前に、なりたい自分のイメージを刷り込むことが大事とお話ししました。**実際に幸せな家庭生活を送る友人と一緒に過ごすことで、自分自身の結婚のイメージがふくらめばふくらむほど、じつは自身の幸せな結婚も近づく**のです。

「類は友を呼ぶ」という言葉がありますが、親しく付き合っているうちに、相手に似ていく、つまり次第に「類」になっていくことも多いというわけです。

独身女性は、同じ独身女性と会うほうが気は楽だし、時間なども合わせやすい。それもわかりますが、はっきりいって、たびたび寄り集まっては「いい男、いないかな」「結婚したいな」とこぼしている独身女性ほど、結婚から縁遠いものです。一緒にいても、一向に結婚や家庭のイメージが湧かない者同士で付き合っているのですから、当たり前といえば当たり前でしょう。これは、あまり好ましくない「ルイトモ」ですね。

これで嫉妬、焦燥感、劣等感も一瞬で消える

ひょっとしたら、自分より先に結婚した友だちを見ていると、嫉妬や焦燥感や劣等感で胸がざわつく、だから疎遠になってしまった……という人もいるかもしれません。そこは、「彼女と時間を過ごすなかで、幸せな家庭のイメージをふくらまそう」「そうすれば近い将来、自分も幸せな家庭を築ける」と考え直してみてください。

友人のほうがちょっと早かっただけで、あなたには、まだ「そのとき」が訪れていないだけです。そして、「そのとき」は、**いい人と出会い、恋愛し、結婚できるように自分を整えていけば、必ず訪れます。**

だから、嫉妬も焦燥感も劣等感も抱く必要などないのです。

この先、友だちの結婚式があったら、それこそが、自分の幸せな恋愛や結婚のスタート地点と考えて出席するといいでしょう。

「感謝」「感動」「感激」は波長を上げる「三感」ですが、結婚式にはすべてそろっています。そういう意味でも、**結婚式は、どんなに有名なパワースポットより、恋愛運、結婚運が上がる場所**といってもいいくらいなのです。

だから、友だちの結婚式を全力で祝ってあげる。心からの弾ける笑顔で参加してください。「我がことのように喜んでいる」と形で示すという意味では、ご祝儀をケチらないというのも、じつは重要だったりします。

こうしたすべてが自分自身の幸せにもつながるんだと考えれば、焦りや妬みなんて意外とスッキリ消えてしまうはずです。友だちの幸せを喜び、変わらず親しく付き合うなかで、自分で「幸せなルイトモ」現象を起こしていきましょう。

婚活疲れの特効薬とは

結婚願望があるという人に、僕は、とりあえず婚活パーティや合コンに参加してみることをおすすめしています。

こういうと抵抗を感じる人は、きっと多いと思います。僕のお客さんのなかでも、当惑や嫌悪感を隠しもせず、「いや、私は、そういうのはちょっと……」と言葉を濁す方は少なくありません。

それでも**一度は婚活に励んでみてほしい**のです。なぜなら、**出会いのチャンスは待っていても訪れない**からです。

「人見知りなので……」という人もいますが、それは理由になりません。

もしかしたら、婚活パーティや合コンに行ったら「ガツガツしている」「焦っている」なんて思われるかもしれない、という心配もあるのかもしれません。30代後半、40代と、年齢が上がるにつれて「人見知り」を理由に婚活パーティや合コンに抵抗を示す人が多いように見受けられるのも、そのためなのでしょう。

そういう人に、僕は「就活で『人見知りなので、うまく話せません』っていえますか?」と聞きます。あなたも考えてみてください。面接官にそんなこと、とてもいえませんよね。

人見知りであろうと、積極的になることでチャンスが開けるという意味では、婚活パーティも合コンも就活と同じようなものです。

誰だって初対面の人と急に打ち解けて盛り上がられるわけではなく、徐々に場に慣れていくものです。それなのに、最初から苦手意識を盾にして避けていては、どんどんチャンスを失っていってしまいます。

ずっと出会いがなかった。

出会いがあってもお付き合いに発展しなかった。

あるいは付き合っても長続きしなかった。

それが今までのあなただとして、**今までどおりの生活を続けていたら、おそらく、いい人に出会い、恋愛、結婚へと至る確率も今までどおり**でしょう。

まず、婚活のワクワク感を味わってみる

となれば、今までとは何かを変える必要があるということです。何事も自分から行動を起こさずして、チャンスは訪れない。これが仕事の話なら納得できるはずなのに、なぜ恋愛となると躊躇してしまうのでしょうか。

今まで、いい出会いがなかったのなら、待つのはもうおしまいです。もっと積極的に出会いを求めに行ったほうがいいのです。

最初はプライドが邪魔するかもしれませんが、ひとたび始めてみれば、きっとワクワクするでしょう。ワクワクしていると、人は自然と輝くものです。それだけで出会いのチャンスはぐんと広がります。

ただ、ご縁は時の運でもあります。婚活を始めてすぐにいい人と出会い、結婚まで辿り着けるとは限りません。

そんななかで婚活を続けようとすると、徐々に心がマンネリ化し、最初に放っていたような輝きも失われていってしまいます。

もしかしたら、すでに長く婚活を続けてきて、最近は疲れ気味……という方もいらっしゃるかもしれません。

そうなったら、ちょっと気持ちを切り替えるタイミングです。

「結婚したい」「婚活しなくては」というのは脇に置いて、今度は、自分自身の生活に熱意を注いでみてください。自分自身が楽しめることを優先させる、ということです。

やりたいことを楽しんでいる人は、輝いています。たとえば、顔はタイプでなくても、部活に打ち込んでいる姿はかっこよく見えるものではないでしょうか。逆に顔はタイプでも、部活で監督に怒られてイヤイヤ走っている人をかっこいいとは思わないでしょう。

好きなことをしているとき、顔の造形など関係なく、人は輝くものなのです。

でも、がんばりたくないことをがんばらされている人は、疲労感がにじみ、魅力的ではありません。

ワクワクして婚活していたころは前者の状態、でも婚活に疲れると、後者の状態になってしまうというわけです。

だから、**婚活に疲れたときには、自分がやりたいことを楽しんでみる**こと。改めて仕事に熱意を注ぐのもいいと思いますが、**よりおすすめしたいのは、楽しめる趣味を見つけること**です。

婚活でときめかなくなったら

僕がよくお客さんにいうのは、「『明日が楽しみすぎて、眠れなくなるような夜』を増やす」ということです。夜の間のワクワクが、人の魅力をつくるからです。

すると、**失われかけていた魅力が一気によみがえり、無理して婚活を続けるより、素敵な男性と出会える可能性が高くなる**のです。

もちろん、趣味という共通の話題があると、恋愛に発展しやすいというのもあるでしょう。婚活から離れて、サーフィンや釣りといった趣味を楽しみ始めたら、そこで出会った男性とあっという間に恋に落ち、結婚したという女性を何人も知っています。

男性の話ですが、こんなケースもありました。

その人は心臓に病気があり、医師から運動の類は、いっさい止められていました。婚活をしていたのですが、８年続けてもパッとしないとのこと。病気は心配でも、これは気分転換が必要と見えたので、「心臓に負担をかけない程度で、楽しめること探してみてください」とアドバイスしました。

そこで彼が見つけてきたのが、ゲートボールでした。屋外スポーツですが、激しく体は動かさない、まさに彼にピッタリの趣味でした。

ただ、ゲートボールは高齢者におなじみのスポーツです。それでは趣味を通じた出会いは望めない……かと思ったら、「ゲートボール仲間」のお年寄りのひとりが彼のことを気に入り、「よかったら、うちの孫に会ってみないか」と申し出てきたのです。

お年寄りを気遣いつつ、楽しそうにプレイする彼は、間違いなく輝いていたはずです。趣味を楽しんだことが、出会いを引き寄せたというわけです。

こうして引き合わされた2人は、お互いをひと目で気に入り、結婚を前提としたお付き合いをスタート、その後、すぐに結婚が決まりました。

「心の底から笑っている自分の姿」が良縁を引き寄せる

ここまでの話で、もうおわかりかと思います。

出会い運を高めるには、やりたいことを、イキイキと楽しむ自分になること。そこで心の底から笑っている自分の姿を見せることなのです。

どんな方法をもってしても、やっぱり笑顔以上のものはありません。**笑顔が一番の**

開運法だと思います。

婚活で１００人の男性に出会ったとしても、当のあなたが魅力的でなければ、誰とも恋愛に発展しません。「結婚したい、結婚したい」と結婚願望に依存している姿を見せたら、男性が引いていってしまう可能性もあるでしょう。

でも、ほんの１人や２人でも、趣味を心底楽しむあなたの姿を見たなら、自然に引き寄せられ、恋愛、結婚へと至る可能性は、より高くなります。**自分が楽しむ「ついで」に、運命の相手と出会えればいい**のです。

多くの方は、結婚の先に大きな幸せが待っていると考えていることでしょう。でも、幸せになる過程で疲れはて、魅力を失い、不幸感を醸し出していては本末転倒というもの。ますます幸せは遠ざかるばかりです。

そうではなくて、あなたが「先に幸せになること」を考えてください。

まず自分自身がイキイキ、ワクワクできる何かに取り組むことで、結婚の先にある、より大きな幸せに近づくことができるのです。

出会い系サイトに、いい出会いはない

出会い系サイトを使って幸せになった人も世の中にはいると思いますが、確率は圧倒的に低いといわざるをえません。

出会い系サイトに登録している男より、街中でナンパしている男のほうが、ずっと見込みがある。

そういったら驚かれるかもしれませんが、僕がそう考えるのには理由があります。

まずいえるのは、相手と面と向かっているかどうか。出会い系サイトはネット上で登録するだけ。気になった人にアプローチするのも、デートに誘ってみるのも、すべてネットを介して行われます。

それに引き換え、ナンパは、当然、自分から女性に話しかけに行かなくてはいけません。この点だけ見ても、ナンパをする男のほうが、ずっと根性があるとはいえないでしょうか。

「ナンパで出会って、結婚しました」という幸せな夫婦を、僕は何組も知っています。単に遊びたいだけだったのが真剣な付き合いに発展し、ついには「この人とずっと一緒にいたい」と考えるようになった。ナンパが本気に転じ、最終的には、いい夫に落ち着くというケースは、意外とよくあることなのです。

そのように男を変えるのは、女性です。

「私はいずれ結婚したいと思っている。本当にただの遊びなのであれば、あなたと付き合っている時間はない」とはっきり告げる。そこで初めて男が真剣に相手のことを考え、本気の付き合いが始まるというケースも少なくありません。

既婚男性が浮気相手を探している場合も

一方、出会い系サイトはどうでしょう。

「いや、出会い系サイトのなかにも、婚活を目的とした真剣なものもある」。そう思った人もいるかもしれませんが、そこで出会った男性と、本当に結婚を前提としたお付き合いが始まるのかどうか、僕は疑問です。

もちろんゼロではないでしょうが、そうとう確率は低いのではないかと思うのです。

なぜそう思うのかというと、出会い系サイトでは、いくらでも嘘がつけるからです。**仕事に関する嘘も問題ですが、もっとタチが悪いのは、未婚者であると偽る既婚者**です。要するに不倫相手を探すために出会い系サイトに登録しているのです。

たとえば、人の多い時間帯や場所では会わない、家に招いてくれない、待ち合わせはいつもラブホテルやコンビニ……。

すべて不倫男のサインですが、「今の彼とは出会い系サイトで出会った」というお客さんに「こういう傾向はありませんか？」と聞くと、案の定、当てはまるというのは、よくある話です。

僕は経営者同士の集まりに参加することも多いのですが、そこで四六時中スマートフォンを見て、登録している出会い系サイトをチェックしている人をたくさん見てきました。

「このサイトで出会った彼女がね……」なんて自慢げに話す人もいます。僕が「でも○○さん、結婚されてますよね？」というと、「ここまでがんばって成功したんだから、彼女くらい、いてもいいでしょう」なんて、悪びれもせずにいうのです。

僕はそういうタイプの男が大嫌いなので、金輪際、付き合いません。

それはともかく、ここでぜひ知っておいていただきたいのは、世の中には、女性の気持ちを手玉にとって付き合おうとする不埒な男がゴマンといることです。

「結婚したい思い」につけ込む男も

それに、婚活を目的とした出会い系サイトに登録すると、自動的に「結婚したい」という思いを強く表明することになります。

そこにつけ込んでくる男もいるでしょう。

言い方は悪いのですが、よこしまな意図のある男は、出会い系サイトを「相手を探しているさみしい女性の宝庫」くらいにしか考えていません。

女性は、結婚する気もない男に何年も費やした結果、あっさり別れられてしまう。そんなことにもなりかねないのです。

たしかに、登録者のなかには、本当に結婚したい男性もいるのでしょう。

でも、一生を共にする女性をネットで探そうなんて、やっぱり、どこかおかしいと思いませんか？　だったら、勝負をかけて話しかけてくるナンパ男のほうが、よほど見込みがあるというものでしょう。

ナンパ男だって、好みの女性と一緒に過ごしたい、あわよくばワンナイトラブに持ち込みたいという下心で動いており、それは決して褒められたものではありません。

でも、ナンパ男には街に出て、好みの女性を探し、声をかけてくるという度胸があるぶん、真剣な相手に一変するポテンシャルもあります。

誤解してほしくないのですが、僕は決して、ナンパ男をおすすめしているわけではありません。

ただ、出会い系サイトに登録するような男には、ナンパ男がもちうるポテンシャルすらない。そこだけは、しっかり肝に銘じておいていただければと思います。

何より、**本当にできる男は、スマホではなく「明日」を見ています。**今日より明日、明日より明後日に、自分自身のやりたいこと、心から楽しみたいことがあるのだから、できる男には、チマチマとスマホを見ている時間なんてないのです。

どうしたら「理想の相手」と結婚できるのか？

「理想の男性と結婚したい」――誰もがそう願っていることでしょう。

それを実現できる女性と、実現できない女性には、じつはひとつ大きな違いがあります。といっても年齢や容姿といったことではありません。あることに気づいて発想を転換した、その点において、理想の男性と結婚できた人は違うのです。

たとえば、「お父さんみたいな人と結婚したい」という20代女性が１００人いたとしましょう。

これも僕が実際に見てきたケースなのですが、数はキリよく１００としておきます。

自分のお父さんを理想とするというのは、幸せな家庭に育ったということですから、この１００人は、家庭運の強い女性ばかりです。

ところが、フタを開けてみると、実際に30歳までに結婚できたのは半数程度。あとの50人は、「お父さんみたいな人がいない」と嘆きながら、独身のまま35歳、40歳、

45歳と年齢を重ねてしまいます。

さて、結婚できた人と、いまだに結婚できていない人とでは、いったい何が違うのでしょう。

結婚した人は、希望どおり「お父さんみたいな人」と出会えるという、たぐいまれなる幸運をつかんだのでしょうか。それとも「お父さんみたいな人なんて、いない」と諦め、妥協した相手と結婚したのでしょうか。

どちらとも違います。**結婚した人は、理想とする「お父さんみたいな人」と出会ったわけでもなく、妥協したわけでもなく、ただ、少し発想の転換をしただけ**でした。

男の変化は女性次第

それは、「『お父さんみたいな人』を見つけるのではなく、私が『お母さんみたいな人』になって、相手を『お父さんみたいな人』にしていけばいいんだ」という発想の転換です。

お父さんは、最初から、今のお父さんのような人ではなかったはずです。きっと若いころにはヤンチャをしていただろうし、もしかしたら、ギャンブルやお酒に惑わされていた時期もあったかもしれません。

でも、お母さんと出会い、付き合い、そして結婚して共に生活を営むなかで、徐々に、今の自分が知っている「お父さん」になっていったのです。

お父さんは、最初からお父さんだったわけではなく、お母さんとの化学反応によって、徐々にお父さんになってきた。そう考えてみると「お父さんみたいな人」を探し当てるのは、ほぼ不可能だということに気づくでしょう。

だから、**すでに「お父さんみたいな人」に仕上がっている人を探すのではなく、自分がお母さんみたいな人になって、男性を「お父さんみたいな人」に育てていこう。**

このように考えたことが、結婚した人たちの共通点だったのです。

「お父さんみたいな人」を「理想の人」に置き換えれば、今の例は、すべてのケースに当てはまります。

理想の相手は、たくさんの男性のなかから探し当てて、つかまえるものではなく、出会っている男性のなかから、自分が育てていくものなんだと考えてみてください。

たとえば、将来、お金持ちになりたいのなら、最初からお金持ちの男性を探すのではなく、お金持ちになる素質をもった男性――一例を挙げると10年後のビジョンを語れる男性や、困難のなかにあっても前を向いて努力している男性と付き合うほうが、幸せになる確率は高くなります。

すでにお金持ちの男性は、ともすれば、遊ぶ女性には不自由しないなかで、なかば「無料の家政婦」を求めて結婚相手を探しているケースもありえます。

多かれ少なかれ「自分がお金持ちだから近づいたんだろう」という意識も働きます。その男性のお母さん、つまり姑となる人から、「どうせ息子の財力に惹かれたんだろう」という目で見られることもあるでしょう。

いくら自分にそんなつもりがなくても、相手がそのように見ていたら、結婚できたとしても、夫婦関係はどこか冷めたものになっても不思議はありません。

でも、**まだ成功の光も何も見えない、もっとも困難なときに支えてくれた女性ならば、男は一生、大切にしたいと思うもの**です。

僕自身、妻には本当に感謝し、心から大切に思っています。

今でこそ家族をもち、仕事も順調で恵まれた環境にいる僕ですが、かつては多額の借金を抱えていました。

そんななかに出会ったのが、妻でした。

僕から交際を申し込み、オッケーしてもらえたときに、僕は「3年後に結婚してほしい」といいました。すでに彼女のことが好きでたまりませんでしたが、借金を返してからでないと結婚できないと思っていたのです。

だから、「どうして3年後なの？」という彼女の問いにも、「借金があるから。必ず3年以内に返し終えるから、そこで結婚してほしい」と正直に答えました。

すると、彼女は、こういったのです。

「『借金があるから結婚できない』は理由にならないよ。借金を返し終えていようと、返し終えていなかろうと3年後、結婚してね」

前に、「お金がないから」は結婚を先延ばしにする理由にならない、とお話ししました。僕がそう考えるようになった大きなきっかけの1つは、あのときの妻の言葉だったのです。

こうして妻は、僕が置かれている事情をすべて理解したうえで交際し、そして結婚してくれました。

今まで支え続けてくれた妻に、僕は足を向けて寝られません。妻のほうは、平気で僕の体に足を乗せて寝られるのでしょうが（笑）。

お金持ちになる素質をもった男性であれば、その成功の道のりは、あなたあってのものとなります。「君がそばにいてくれたから成功できた」と、生涯、大切にしてくれることは間違いありません。

あらかじめ可能性が花開いている人を見つけるより、これから可能性が花開きそうな人を育てたほうが、幸せな結婚生活が続きやすいというわけです。

まるで論外という男性には近づかないほうがいいのですが、「理想に近いけど、ここだけが惜しいな」「まだまだだけど、資質はあるな」という場合には、その「惜しいぶん」「まだまだのぶん」は、自分の力で補うことができるはずです。

男性を、よく変えるのも、悪く変えるのも、じつは女性次第なのです。

セレブに学ぶ「理想の男性」の育て方

では、どうしたら、男性を育てることができるでしょう。

答えは、極めてシンプルです。**男性を育てるには「褒めること」「否定しないこと」**。

セレブリティの奥様たちを見ていると、よくわかります。

彼女たちは、決して自分のご主人を否定しません。一般的には、妻同士は亭主の悪口をいうものなのでしょうが、セレブの妻同士だと、みな旦那自慢をします。

セレブといえば、こんなこともありました。

僕の先生が、一般のお客さんたちを集めて座談会をしたのですが、そこにひとりだけセレブの奥様を招待していました。

座談会ですから、次から次へと、お客さんから相談の声が上がります。相談といっても、多くが不平不満、それもご主人に対するものがほとんどです。

そのなかに、「旦那が服を脱ぎ散らかして困っている。どうしたらいいか？」という相談がありました。

すぐさま別のお客さんから次々とアドバイスが寄せられます。「そういうときは片づけちゃダメ。自分でするまで、放っておけばいい」「『洗濯カゴに入れなくちゃ洗わない』っていえばいい」「そんなのは甘すぎる。もっと厳しくしなくちゃ」……。

喧々《けんけん》囂々《ごうごう》のやりとりになったそのとき、たったひとりだけ混ざっていたセレブの奥様が、静かに声を上げました。

「旦那を怒ったところで、よくなるわけがないでしょう？」

ほかのお客さんたちはびっくりして、「怒らずに、どうするんですか？」と詰め寄ります。でも「今からいうことを、みなさんはバカにするだろうから、この人にだけ教えます」といって、そのセレブは、相談した人の耳元で何かをささやきました。

そして相談者がいうとおりにした結果、なんと10日で、ご主人の散らかしグセは治ってしまったそうなのです。

さて、そのセレブはいったい何とささやいたのでしょうか。

「旦那が服を散らかしたら、とにかく褒めなさい。写真に撮って『わ〜、あなたってば天才ね。洋服の1枚1枚が、きれいに山の形になってる！』『わ、今日のズボンの山はチョモランマみたいね！』と感動してみせなさい」

「そうして、しばらくしたら『あなたの作る洋服の山々は素晴らしい。でも昨日、ふと思ったの。1枚1枚の山がひとつになったら、どんな山になるだろう？　って』といいなさい」

つまり、**まず何をしても「褒めること」、そこから望ましい方向へと導くことを、そのセレブの奥様は教えた**のです。

バカげた方法だと思われるかもしれませんが、実際、10日後には、この相談者のご主人の散らかしグセはピタリと収まり、洗濯カゴのなかに「ひとつになった山」を作るようになりました。小さなことですが、ひとつ、妻の理想が叶ったわけです。

僕はつねづね「セレブの褒め方は変態レベル」と思っているのですが、この例ひとつをとってみても、僕がそう思う理由がわかっていただけるでしょう。

大切な女性の言葉ひとつで、男は何度だって立ち上がれる

極端な例を出しましたが、ここでお伝えしたいのは、褒めることには、男性を大きく好転させる力があるということです。

認められたい、褒められたい、肯定されたい。僕自身が男だからよくわかるのですが、これが男性の基本的な心理です。セレブの奥様たちは、その点がよくわかっているから決して夫をけなさないし、大げさなまでに夫を褒めるのです。

それでいて、客観的に見て夫が何かズレていると感じたときには、夫を立てながら、さりげなく軌道修正することもぬかりない。大きく成功している男性たちを見ていると、こうした女性の力によって支えられている場合が本当に多いなと思います。

女一人で千人力――これも、僕がよく女性のお客さんにお伝えすることです。

仕事でミスをした。上司に否定された。自分はダメだと落ち込んだ。

それでも、大切な女性から「あなたは大丈夫」といってもらえれば、男はまたやる気になります。

全世界が敵になっても、「心配しなくていい。あなたの横には私がいる」といってくれる大切な女性がひとりいれば、男は何度だって立ち上がれるのです。

もちろん、調子がいいときは、いうまでもありません。「こんな実績を上げた」「こんなことで褒められた」と話しているときは、「すごいね！」「さすがだね！」と手放しで褒め、一緒に喜んであげてください。

褒める程度は、勘違いさせるくらいで、ちょうどいいでしょう。その勘違いの先に大きな成功が待っていることも多いのです。

いい出会いを導くのは、「彼氏が欲しい」ではなく、このひとこと

積極的に出会いを求めに行くのは素晴らしいことですが、そこでもひとつ、注意していただきたいことがあります。というのも、男性に対する言動によっては、悪い男性に引っかかりかねないからです。

前に、厚化粧やカラーコンタクトは、外見のコンプレックスを表明するのと同じであり、悪い男性につけこまれやすいと話しました。

合コンなど、男性もいる場所で「彼氏が欲しい」というのも、じつは同様です。

出会いが欲しいなら、男性と出会える場所に行く。

こういうと**「彼氏が欲しい」ということもはっきり告げたほうがいいと思うかもしれませんが、それは自己アピールになるどころか、ただ遊びたいだけの男を増長させることにつながる**のです。

とはいえ、何もアピールしなければ、恋愛に発展しません。

じつは「彼氏が欲しい」とはいわずに、恋愛対象としての自分を男性にアピールする「ひとこと」があります。

しかも、真っ当に付き合える男性にアピールできるひとこと、あるいは、たとえダメ男ですらも、真剣な恋愛の相手に変えてしまう可能性があるひとことです。

男の向上心を刺激する

それは**「恋がしたい」**というひとことです。

「彼氏が欲しい」という言葉からは、今現在、抱えているさみしさが透けて見えます。心に開いた穴を、男性と一緒にいることでしか解消できない、だから誰でもいいからそばにいてほしい……そんな、ある種の弱みが男性依存、恋愛依存を生み出します。

その強い依存心は自分が思っている以上に周囲に伝わり、そのために、ただ遊びたいだけの男を引き寄せてしまうといってもいいでしょう。

「誰でもいい」は、言い換えれば「どうでもいい」です。「誰でもいいなら、（遊びたいだけの）俺でもいいでしょ」という男を引き寄せかねないのです。

でも「恋がしたい」は、「彼氏が欲しい」と似ているようで、じつは、まったく違ったメッセージを男性に送ります。「誰でもいいからそばにいてほしい」ではなく、「私が夢中になれる男性ならば付き合いたい」というメッセージです。

男性は生来、「追いかけたい生き物」「勝負に勝ちたい生き物」です。それに、どんな男にも、根っこには向上心があるものです。

だから「私が夢中になれる男性ならば付き合いたい」というメッセージを受け取ると、男は、がぜん、やる気になります。「俺に惚れてほしい」「ほかの男に取られないように、がんばろう」となるのです。

つまり**「恋がしたい」は、男性の闘争心や向上心をうまく刺激する言葉**。このひとことでダメ男すらも変わる可能性があるといったのは、こういうわけです。

もちろん、夢を熱く語るような、最初から向上心にあふれる男性も、「恋がしたい」のひとことには反応するでしょう。こういう言葉ひとつでも、いい相手と出会い、恋愛できる確率を、ぐんと高めることができます。

「大嫌いだった人」が良縁を運んでくる？

「結婚したいけど、全然うまくいかない」という女性のお客さんに、僕は、よく「そうですか。ところで仕事はどうですか？」と尋ねます。すると「じつは最近、上司になった人とウマが合わなくて……」と答える人がけっこういます。

そんなとき、僕は「それはよかったですね」といいます。「これからいい出会いがあるサインですよ」と。

お客さんが当惑顔で「いや、あまりにもウマが合わないので、会社を辞めようかなって……」などといっても、「今は辞めないほうがいいですよ。それより、その人に対する苦手意識をどうしたら克服できるか、考えてみてください」と伝えます。

嫌いな人や苦手な人とは、できれば出会いたくないと思うのが普通でしょう。でもじつは、その出会いを乗り越えることが、また別の、いい出会いのカギになります。

たとえば、大嫌いだった上司とうまくいくようになったら、その人の紹介でいい人と出会い、結婚した。このように、大嫌いな人との関係を克服したら、その人を通じて良縁が舞い込んだというケースがとても多いのです。

また、大嫌いな人との出会いは、自分が向上するチャンスでもあります。

たとえば、人生でたくさんの人と出会うなかで、「会社を辞めたい」と思うほど嫌いな人と出会うのは、確率的にはかなり低いはずです。

それでも出会ってしまったというのは、向上心のあるあなたに、何か見えない力が「このままだとあなたは向上できないから」と、嫌いな人に引き合わせたからと考えられます。

そして、**自分が向上すれば自然と魅力も豊かになるため、大嫌いな人との出会いは、それを通じて向上することで、結果的に出会い運を上げることになる**というわけです。

逃げてはいけない

では、どうやって嫌いな人との仲を改善したらいいでしょうか。

そもそも、どうして人は、人を嫌いになったり、苦手意識を抱いたりするのでしょう。その大きな理由のひとつには、「恐怖」があると思います。怖いから嫌いになるし、怖いから苦手意識が生まれるのです。

ではどうして、恐怖を抱くのか。それは、「理解できないから」です。

たとえば、海を泳いでいて、サメが出たら怖い。でも、そのサメが人を襲わないジンベエザメだとわかれば、もう怖くありません。

道を歩いていて、犬が吠えながら飛びかかってきたら怖い。でも、その犬の飼い主から「尻尾を振っているから、あなたと仲よくなりたいんですよ」といってくれたら、もう怖くありません。

つまり、「何をされるかわからない」「危害を加えられるかもしれない」という恐怖は、その相手に対する無理解からくるということ。相手が人でも、これはまったく同様なのです。

となれば、もうおわかりでしょう。**嫌いな人との仲を改善する糸口は相手を理解しようとすること、**これに尽きます。

「怖いお客さん」が「お父さん」になった話

実際に、次のようなこともありました。前々から僕がお付き合いさせていただいている経営者のお店で働く、ある女性スタッフの話です。

そのスタッフは当時、大学生でした。４年生になり、就職活動のためにシフトを減らした矢先に、ちょっと面倒なお客さんが現れたそうです。中年の男性だったのですが、やたらと、そのスタッフだけに声をかけてくるというのです。

「下の名前はなんていうの？」「どこに住んでるの？」「家族構成は？」などなど、会うたびに個人的なことを聞かれるので、さすがに怖くなって相談してきたといいます。

彼女は「怖いから、もう辞めたい」といっていたそうなのですが、その話を聞いて、僕は、辞めるのは少し思いとどまってもらってはどうかと提案しました。

ちなみに、人間同士のメカニズムとして、「嫌い」と思うほど引き寄せてしまうものです。

なぜなら、「あの人が嫌いだ」「今日もあの人に会うかもしれない、嫌だな」と、つねに考えてしまうからです。いうなれば「ネガティブな片想い」になるから、「嫌いなのに、よく会う」という状況になってしまうのです。

実際、よくよく聞いてみると、そのお客さんも、その子がいるときに限ってお店に来るといいます。ただ、その子に会いたいがために足しげく通っていたのかというと、どうも違うようでした。

というのも、ほかのスタッフは「そんなお客さんは見たことがない」と口をそろえたうえに、そのお店では情報管理を徹底しており、スタッフのシフトがお客さんに知れるわけもなかったからです。

要するに、「嫌いだ」「会いたくない」という彼女の思いが、そのお客さんを引き寄せていたのです。とはいえ、「自分がいるときに限って来る」というのも、彼女が恐怖を感じ、お店を辞めたがっている理由とのことでした。

おびえて辞めたがっている人を思いとどまらせるなんてひどいと思われそうです。でも僕にも考えがあり、その経営者の方には、「今度、そのお客さんが来たら、そのスタッフに、ちゃんと向き合ってみるようにいってみてください」と伝えました。

そんなある日、また彼女がいるときに、そのお客さんが来たそうです。思わず物陰に隠れようとする彼女に、その経営者の方はいいました。

「隠れても何の解決にもならない。休憩をあげるから、あのお客さんを席に案内して、ついでに一緒に座って、どうして自分によく話しかけるのか、聞いてきなさい。少し離れたところで僕が見ているから大丈夫」

しぶしぶ彼女は、そのお客さんを席に案内しました。

ところが、それから数分、数十分と経っても、そのお客さんと彼女は何やら話し込んでおり、一向に席を立とうとしません。それどころか、ただ話しているだけではなさそうな、少しおかしな気配も感じられました。

さすがに妙に思って席に近づいてみると、なんと、そのお客さんと彼女が、２人して涙を流していたといいます。話を聞いてみると、こういうわけでした。

そのお客さんには、かつて奥さんがいました。念願の子どもを授かりましたが、奥さんは生まれつき体が弱く、病院の先生から「この体では産めないだろう」といわれてしまいます。

奥さんか、お子さんか――そのお客さんにとっては、奥さんの命が第一でした。でも、奥さんは「どうしても生む。私は死んでもかまわない」と頑なでした。その奥さんの意思を尊重することにしましたが、やはりお産に耐えられず、奥さんは亡くなります。

生まれた子どもは女の子でした。奥さんの命と引き換えにして生まれてきたその子を、そのお客さんは大事に大事に育てました。ところが悲しいことに、その子も亡くなってしまいます。高校生のときに、交通事故でした。

奥さんもお子さんも亡くし、そのお客さんは、まさに失意のどん底でした。

仕事もろくろく手につかないなか、心配した会社の同僚が、少しでも励まそうと食事に連れて行ってくれたそうです。

本当はそんな気分ではないけれど、同僚の気遣いに応えよう。そんなつもりで訪れた場所こそ、その経営者の方のお店でした。

そこで、そのお客さんは驚くべき光景を目にしました。高校生で亡くなった娘にそっくりの子が働いていたからです。それが、その女性スタッフでした。

じつは、そのスタッフはお父さんを早くに亡くしていました。娘を亡くした父と、父を亡くした娘。不思議な縁に導かれて、彼らは出会ったのです。

その後、お客さんのほうが転勤となってお店には来なくなりましたが、理解によってわだかまりが解けたことで、彼らの交流は続きました。

話は、これで終わりではありません。

そのお客さんは、娘さんを亡くしてからずっと、親を亡くして就学困難に陥っている子どもたちを支援してきました。

そのなかで、とくに目をかけていた男の子が、ちょうど大学を卒業して自分がいる会社に入ってきたそうで、「すごくいいヤツだから、会ってみない？」と、彼女に連絡がきたというのです。

この先の展開は、もう想像がつくでしょう。

浅からぬ縁のある人によって引き合わされた2人は、すぐに付き合い始め、そして結婚しました。披露宴では、そのお客さんに向けて「今日から私たち2人のお父さんになってください」というメッセージが読み上げられたそうです。

その経営者の方も披露宴に出席しており、「あのときは感動の涙、涙で目が真っ赤に腫れてしまってね……」と話してくれました。

「神様からのパス」と受け止めよう

長くなってしまいましたが、すべては、嫌いな人から逃げず、理解しようと一歩を踏み出したことが始まりでした。

その子だけが、特別な展開を迎えたわけではありません。ほとんどの人が、嫌いな人を避けようとするから、その先にある出会いにたどり着いていないだけなのだと思います。

嫌いな人や苦手な人との出会いは、いうなれば、「これを克服し、成長することで、

よりよい出会いに恵まれるよ」という神様からのパスです。

そう考えれば、その出会いを嘆くのではなく、天を仰いで「神様、私のことを見てくれていたんですね」と感謝してもいいくらいでしょう。

嫌いな人との関係の克服は、相手を「理解しようとすること」から始まる、その先に、いい出会いがあるんだと考えて、嫌いな人ともしっかり向き合ってみてください。

失恋が出会い力、恋愛力を育てる

数ある恋愛相談、結婚相談のなかでも、僕が一番困るのは、「好きな人がいるのですが、その人と両思いになれますか？」という相談です。

当たり前ですが、僕はその男性ではないのですから、気持ちなどわかるはずがありません。だから、**「１００パーセント確実な答えを、しかも無料で知る方法が、ひとつだけあります。すぐにその人のところに行って、思いを伝えてください」**と伝えます。

好きだと思ったら、その思いは早く伝えるに越したことはありません。

「好きだといわれたから付き合った」が70パーセント以上

その理由はふたつです。

ひとつは、**多くの人が、「自分を好きになってくれた人」を好きになるもの**だからです。告白されるほうの立場になって考えてみてください。

「告白されたから付き合った」という程度の気持ちが、付き合いが深まるうちに、いつしか「大好き」に変わっていくことも多いものです。

実際、あるアメリカの統計学者が行った調査では、100組のカップルに付き合った理由を聞いたところ、「相手が告白してくれたから」という答えが70パーセント以上を占めたといいます。

裏を返せば、**この70パーセント以上のカップルは、どちらかが「好きです」と伝えなければ付き合っていなかった**わけです。これだけでも、はっきりと言葉で好意を伝えることの重要性がわかるでしょう。

いっそ振られたほうがいい理由

好意を伝えれば、もちろん振られてしまう可能性もあります。でも、ずっと片思いを続けるより、いっそ振られてしまったほうが、出会いのチャンスは広がります。これが、好意は早く伝えたほうがいいという、ふたつめの理由です。

相手にそのつもりがないのなら、すぐに諦めることはできなくても、徐々に諦めるしかありません。

その過程で、いったん片思いのときの恋愛依存が断ち切られます。すると、次の出会いに向けて気持ちを切り替えられるし、実際に次の出会いが訪れるものなのです。

リスクを背負うほど、チャンスも増える。ビジネス論でよくいわれることですが、これは恋愛でもまったく同じです。

「振られるかもしれない」というリスクを取って、思い切って告白したら、付き合えることになった。

振られてしまったけれど、気持ちを切り替えて次の出会いに積極的になれた。

告白した結果は正反対でも、「振られるかもしれない」というリスクを取ったことでチャンスをつかんだという点では同じといえるでしょう。

それに、告白は「振られるかもしれない」という覚悟をもって行うものです。

泣く結果になろうと笑う結果になろうと、相手から答えをもらう。そう考えると、たとえば好きになって3ヶ月で告白するのと、3年間も何も伝えずに片思いを続けるのとでは、どちらが「愛」に近いといえるでしょうか。

断然、３ヶ月で告白するほうです。なぜなら、第1章でもお話ししたように、「愛」

には、傷つくことを恐れず、代償を求めない思いが含まれるからです。

「自信がない」というのは、告白しない理由になりません。なぜなら、**「自信がない」の真意は「振られて傷つきたくない」ということ**だからです。

何年もひとりの人に片思いしているというと、健気でロマンティックで素敵で、それこそ「愛」だと思えるかもしれませんが、要するに、傷つく覚悟を決めることができないために自分を守っているだけ。「愛」とは呼ばないし、なんの自慢にもなりません。

それよりも、**好きになって短期間のうちに、傷つく覚悟を決めて告白するほうが、よほど尊いこと**といえるのです。

じつは僕も、結婚する前は失恋ばかりでした。あるとき先生に「失恋ばかりしてる」とこぼしたら、「大丈夫。あと何回もくり返さないうちに、全部チャラになるからね」といってくれたことがありました。

ひと昔前に、「101回目のプロポーズ」というテレビドラマが流行ったことがあります。このタイトルを見て、先生は「何も101回目まで待たなくても、もっと早く結婚できるよ」と真面目な顔をしていったものです。

「男も女も、せいぜい20回も失恋すれば、誰かしらいい人と出会って、結婚できるよ」というわけです。今思うと、失恋、失恋、また失恋でも大丈夫だという、先生なりの僕へのエールだったのでしょう。

男友だちを好きになってしまったら……

好きという気持ちを伝えるのは、勇気がいります。伝えれば当然、相手に返事を求めることになりますから、もちろん、振られる可能性もあります。でも、そのリスクを取らなければ、恋愛も結婚も遠のくばかりでしょう。

男友だちを好きになってしまった場合も、同様です。

「もし振られたら、友情が壊れてしまう」「もう以前のように気安く付き合えなくなる」と尻込みしてしまいそうですが、では、**思いを告げないままだと、振られるよりも、はるかにつらい現実が待ち受けている**といったらどうでしょう。

彼は、あなたの気持ちを知らないまま、きっと別の女性に恋をするでしょう。そこでもっとも身近な女性として彼の相談に乗るのは、あなたです。好きな人から、恋の相談を受けることほどつらいものはありません。

そして、ついには彼が別の女性と結婚する日も訪れるでしょう。そこで友人代表のスピーチをするのは、あなたです。本当の気持ちを押し隠して、祝意を伝えなくてはいけません。

その後も、「友だち」として彼の新居に遊びに行くたびに、幸せそうな新婚生活を見せつけられ、子どもが生まれれば出産祝いをもって駆けつけ、笑顔を必死に取り繕いながら彼の奥さんとも仲よくし……と、地獄のような日々は続きます。

ずっとずっと彼への片思いを続けることで、こんなつらい思いをしなくてはいけないのです。そうなってから「あのとき告白していたら、今、彼の横にいるのは私だったかもしれない」と悔やんでも、ときを戻すことはできません。

いかがでしょう。告白して振られ、今までどおり気安く付き合えなくなる可能性があるとしても、こんな思いをするよりずっといいのではないでしょうか。

恋愛経験以前に、「ある経験」のない女性が多い

恋愛経験が豊富、乏しいといった話はよく聞きますが、それ以前に**重要なのは、じつは「失恋経験」**ではないかと思います。付き合ったけど振られた、告白したけど振られた、このように白黒はっきりつけられ、傷ついた経験です。

年齢は30代や40代なのに、人相学的にまるですれていない顔つきをしている。そんな人を、今までにたくさん見てきました。

そういう人に「20歳のときから、半年以上付き合った人は何人いますか？」と尋ねると、決まって「半年以上は……いませんね」と返ってくるのです。

そこで僕は内心「やっぱりな」と思います。要するに、恋愛で傷ついた経験がない。だから年齢とは不相応にすれていない顔つきになっているのです。

「若く見えるということ？」なんて、喜んでいい話ではありません。年齢に不相応にすれていない顔つきは、言い換えれば、色気も深みもない、女性としての魅力に欠ける顔つきになっている、ということなのです。

これは、恋愛経験に乏しいというより、失恋経験がないことが問題といったほうが的確です。なぜなら、**よい出会いに恵まれて恋愛をするというのは、失恋の経験があって初めて叶うこと**だからです。

ではなぜ、失恋が恋愛につながるといえるのか。ひとことでいえば、失恋が人を磨くからです。**失恋によって女性として、人間として磨かれるからこそ、いい人と出会い、恋愛するという運命が切り開かれる**のです。

そういう意味でも、思いを告げることは重要です。振られれば誰でも傷つきます。

傷つきたくないから、告白をためらってしまうのもわかります。でも、たとえ振られたとしても、そこで傷ついたぶん、必ず、次の出会いがやってきます。

失恋で涙を流しただけ、魅力に磨きがかかる

一度は付き合ったすえに振られてしまった場合も、もちろん同じです。

失恋ばかりだった僕にとって、もっとも痛かったのは、やはり結婚の約束までした女性に去られてしまったことです。東京の会社を辞めて地元で起業することにしたときに、「どれだけ苦労しても、君を食わせていくためにがんばるから」と、いくらいってもダメでした。

そんなとき、傷心の僕を先生が飲みに連れて行ってくれました。話しているうちに、彼女が去ったショックがよみがえり、悲しくて悲しくて涙が止まらなくなってしまいました。

すると先生がポツリ、「かわいそうだね」というのです。僕が「同情なんてしてほしくない」というと、先生は次のように続けました。

「いや、かわいそうなのは、あんたじゃない。彼女のほうだ。こんなに泣くほど、そ

の子のことを思っていたあんたは、かっこいいよ。自信をもちなさい。そんな男を逃しておいて、もう一生、その子には、これ以上の男との出会いはないだろう。だからかわいそうっていったんだ。

でも、あんたは心配することはない。自分で白黒つけようとして、これだけの失恋をしたんだから、必ず、前の恋愛以上の恋愛と結婚が待ってるよ」

そういわれて、さらに涙が止まらなくなってしまったのですが、数年後、先生のいうことは本当になりました。あのときの失恋と引き換えに妻と出会えたのだとしたら、お釣りのほうがはるかに多いくらいです。

話は少しずれましたが、失恋は人を磨き、必ず、よりよい出会いにつながります。

失恋したら、我慢せずに思い切り泣いてください。**そんなに涙を流すほど誰かを思っていたということ、傷つくのも覚悟のうえで相手に思いを告げたということには、胸を張ってほしい**と思います。

告白した勇気も、振られて傷ついた心も、決して無駄にはなりません。

失恋で女性はきれいになるともいわれますが、それは本当です。誰かを強く思った末に傷ついたという人生経験が積み重なることで、あなたは、いっそう深い魅力を放つ女性となり、男性を惹きつけるようになっていくのです。

「忘れられない人」がいてもいい

失恋が次の出会いにつながるとお話ししましたが、すぐに気持ちを切り替えられるものではありません。誰だってそうです。

頭に「消去ボタン」でもついていれば簡単ですが、人間はロボットではありません。誰かを好きになり、振られてしまった。その傷は、ときとして深く、なかなか癒えることはないでしょう。

そして相手を忘れられないために、苦しむこともあるでしょう。

ただ、ここでひとつ覚えておいてほしいことがあります。

それは、**「忘れられない人」がいてもいいけれど、そのことで苦しむ必要はない**ということです。

なぜ、忘れられない人がいると苦しいのかというと、それは、その人を忘れられないこと自体ではなく、忘れられない自分に対する自己嫌悪感のためです。「いつまでも失恋を引きずって、私ってダメだな」という思いが自分を苦しめている、それによって、次の恋愛へと進めなくなってしまうのです。

僕のお客さんにも「忘れられない人がいるんです」という女性がたくさんいます。聞けば3年も5年も引きずっているというケースもザラです。

そういう女性は決まって、「忘れられない人がいるから、前に進めない」「次の恋愛が怖い」といいますが、本当に怖いのは、自分が怖がっている間、自己嫌悪感にとらわれている間にも、時間は着々と過ぎていることです。

その人のことを忘れなくては、次の恋愛に進めないわけではありません。**その人のことを忘れないまま、次の恋愛に進むことで、いっそう充実した恋愛ができるようになる**と考えてみてください。その先には、当然、幸せな結婚というものも見えてくるでしょう。

「あの人は運命の人ではなかった」とよくいいますが、運命は99パーセント、自分で開くものです。

そして、ある意味では、あなたを振った相手も「運命の人」だったといえます。失恋は新たな出会いのきっかけです。失恋によって、あなたはきれいに、魅力的な女性へと磨かれ、いつかきっと幸せになって、「あのころ、あの人を好きになって、いろいろなことを学べたから、今の幸せがあるんだ」と思える日が来ます。

つまり、あなたの幸せの道のりには、あなたを振った人の存在も欠かせないということ。**あなたを振った人は、あなたの人生のかけがえのない一部であり、そういう意味において、その人もまた「運命の人」だったといえる**のです。

だから、忘れられない人がいてもいい。その人も自分の人生の一部だと考えれば、むしろ、忘れてはいけないといってもいいかもしれません。

ただ、忘れられないことで苦しむ必要はないのです。その人の記憶を抱いたまま、前に進んでください。それはまぎれもなく、幸せにより近づく一歩です。

「反省」ではなく「改善」が、恋愛運・結婚運を開くカギ

前項では失恋経験がない女性に触れましたが、その一方には、恋愛経験が豊富なのに結婚できない、という女性も多く見られます。

恋愛はしているのに、なぜ結婚までいけないのか。細かく見れば理由はさまざまですが、**ひとつ大きな傾向としていえるのは、それぞれ「別れる理由」がパターン化しているということです。**

彼の金銭トラブルが元で別れた人は、その前も、その前の前も、同じようなことで別れている。彼の浮気が元で別れた人は、その前も、その前の前も、同じようなことで別れている……という具合です。

ご覧のとおり、結婚したいにも関わらず、結婚に適さない男性と付き合ってばかり、というのも共通している点なのです。

しかも、そういう人に限って、「今度の彼は違います」「だから信じてプロポーズを待ってみます」と何年も付き合った挙げ句、やっぱり前の彼と同じような理由で別れてしまいます。

こんなことをくり返していたら、あっという間に婚期を逃してしまうでしょう。結婚だけなら何歳でもできますが、子どもが欲しいのなら「今度の彼は違うはず」なんて悠長なことはいっていられません。

「反省」だけでは同じことが繰り返される

パターン化しているというのは、厳しい言い方をすれば、学習していないということです。そして学習するために必要なのは「反省」ではなく「改善」です。

結婚したいのに、結婚に向かない相手を選んでしまうという自己矛盾を、まず正さなくてはなりません。

「また同じような理由で別れてしまった、私ってダメね」「私って男運がないのね」ではなく、「また同じような理由で別れてしまった。どこを変えたら、もうくり返さずに済むだろう?」と過去を振り返りながら、考えてみる必要があるのです。

心惹かれるままに男性と付き合い、つかの間の恋愛を楽しみたいだけなら、同じパターンをくり返すのも勝手です。

でも、心から結婚したいと思うのなら、自分のその思いと真剣に向き合ってみること。結婚に適した相手と恋愛できるよう、自分自身を改善していかなくては、望む未来は訪れないでしょう。

前に、女性次第でダメな男も結婚向きに変わるといいましたが、それにも「私はこういう人と結婚して、こういう家庭を築きたい」という明確な意思が必要です。

なぜか金銭にだらしない人に惹かれてしまう、なぜか浮気性の人に惹かれてしまう、といった自分のクセのようなものを自覚し、改善しないままでは、男性を、結婚に適した男に変えることもできないのです。

「かわいい」より「きれい」を目指す

男性の胸を打つ、そんな魅力にあふれる女性になるヒントは、じつは自然のなかにあります。

かわいい動物を見ても胸は打たれませんが、きれいな夕日、きれいな紅葉、きれいな朝日、きれいな新緑、きれいな花々……四季おりおりに自然が見せてくれる風景に、人は胸を打たれます。

今、「かわいい動物」「きれいな夕日」という対比をしましたが、これも女性としての魅力を磨き、恋愛運を高めるうえでは重要なところなのです。

もっとわかりやすいのは、セレブリティかもしれません。僕が知る限り、セレブの奥様たちに「かわいい女性」はいません。みなさん、「きれいな女性」です。

セレブ妻の人たちは、経済的にも社会的にも成功しているご主人をもつ、いわば

「結婚の大成功者」です。その方たちから今すぐに学べることがあるとすれば、**「かわいい女性」ではなく「きれいな女性」を目指すこと**といってもいいでしょう。

女性から「きれい」といわれる女性はモテる

「かわいい女性」というと、見た目のかわいらしさに加えて、「未熟」「幼い」といったニュアンスも含まれます。

一方、「きれいな人」はどうでしょう。

見た目のきれいさはもちろんですが、それだけでなく、凛とした素敵な雰囲気をまとった女性が思い浮かぶのではないでしょうか。

同性に好かれる人は成功するという話もありますが、では「女性に好かれる女性」は「かわいい女性」か「きれいな女性」か、どちらでしょう。やはり「きれいな女性」ではないでしょうか。

女性が女性を「かわいい」と表現するときには、やや否定的なニュアンスが入っており、なかには「嫌い」を意味する場合すらあります。一方、女性が女性を「きれい」と表現するときには、少なからず敬意が混じっているように感じます。

では「かわいい女性」と「きれいな女性」とでは、どちらが男性を惹きつけるか。

ここまでくれば、もう想像がつくでしょう。

遊びたいだけのダメ男はかわいい女性に引きつけられるものですが、**真剣に伴侶を探している、自立した大人の男性の多くは「きれいな女性」に魅力を感じるものです。**

幼さの残る女性とともに生きていくのは難しいと考えれば、これは当然といえるでしょう。

「きれい」には賞味期限がない

人の胸を打つのは、「かわいいもの」より、「きれいなもの」。

女性に好かれるのは、「かわいい女性」より「きれいな女性」。

いい男が惹きつけられるのも、幼さの残る「かわいい女性」より、自立し、凛とした魅力のある「きれいな女性」。

現に、幸せな結婚をしているセレブの奥様たちも、「かわいい女性」より「きれいな女性」のほうが圧倒的に多い。

このように、女性の魅力の元は「かわいい」より「きれい」にあるといえます。

そして、せっかくなら「きれい」を目指すのは早いほうがいいと思います。30代半ばになって初めて「きれい」を目指すのと、20代半ばから「きれい」を目指すのとでは、10年もの差が開いてしまうからです。

「私は、いつまでもかわいくありたい」と願う人もいるかもしれません。それを否定はしませんが、ただ、40代になって「かわいい女性」でいようとするのは、難しいでしょう。

それに比べて「きれい」は、長く保ち、さらに増していくことができます。

これもセレブの奥様を見ているとよくわかりますが、「きれい」は、いい人と出会い、結婚し、子どもが生まれて家庭を築くなかで、なお増していくもの。**経験を重ねるほどに輝きを増していくのが、「きれい」という魅力**なのです。

何の根拠もないのですが、僕の先生は、よくこういっていました。

「女は75歳まできれいでいられる。80歳を越えたら『かわいい』といわれる」

ですから、「かわいい」といわれたいのなら、ぜひ80歳、90歳まで長生きしてください。

コラム2

「出会いがない」は「やる気がない」！

「『結婚したいのに出会いない』というけれど、それは『やる気がない』ということ。本当に出会いが欲しいのなら、自分の名前と電話番号を書いたハンカチを準備して、好みのタイプの男性の前で落とし、急いでいるフリをして去ってみればいいでしょう。まずやる気を出すことですよ」

というのは、僕がお客さんによくする話です。

要するに「その気になれば、どこにでも出会いのチャンスはあるのだから、自分で行動を起こそうよ」という話です。

ひと昔前は、年ごろになるとお見合いの話がきて結婚……と決まっていましたが、今は違います。自由に恋愛できるというメリットがある反面、自分から積極的に動かなくては、出会えるものも出会えません。

それをわかってもらうための「ハンカチ」の話であり、僕としては半分冗談、半分本気というくらいでした。

ところが、僕の言葉を真に受けて、出会いのための「ハンカチ落とし」を本当に実行した女性がいました。

その女性の「実地検分」によると、ハンカチを5枚落としてみたところ、連絡してきてくれた男性は2人だったそうです。つまり40パーセントの確率ですから、まったく悪くありません。

ところが、彼女は「結果」が出てうれしいような、それでいて悔しいような表情を浮かべています。なぜかと思ったら、こういうわけでした。

「だから先生、5枚のうち3枚はハンカチが無駄になるっていうことですよ。最初の5枚は見栄を張って、ちょっといいブランドのハンカチだったのですが、これからは安いのを使うことにしますね!」

そんな彼女も、今では結婚して、ご主人と2人のお子さんと一緒に幸せに暮らしています。

はたして、ハンカチがつないだ「ハンカチ婚」だったのかどうか? それは私には知る由もありませんが、少なくとも、ハンカチをきっかけに高まった行動力で、ご主人をしっかりゲットしたことは確かでしょう。

一方、稀にですが、「恋愛の運勢がいい時期だと聞いたのに、ぜんぜんいい出会いがありませんでした」と文句をいってくる女性もいます。

ではその間、何をしていたかと聞いてみると、合コンにも婚活パーティにも行かず、「ただ家でじっとしていた」というのです。

恋愛運が上がっている時期なら、家で待っていれば素敵な男性がトントンとドアをノックして、いきなりプロポーズしてくれるとでも思っていたのでしょうか。そんなことが起こるはずはありませんね。

これも、「『出会いがない』は『やる気がない』」の典型例といっていいでしょう。自分がやる気を出してこそ、運勢は生かされるのです。

自分で行動しなくては、運は開かれません。

運勢に頼りきりで行動を起こそうとしない女性を見るたび、ハンカチ落としを実践した彼女は立派なものだったな、見習ってほしいなと思います。運を開くカギは、そんな素直さにもあるといってもいいのかもしれません。

第4章

ふさわしい相手と恋愛する
――もう始まっている、結婚への道のり

自分を大切にしてくれる男性の見分け方

ある人と出会って、付き合い始めたとします。そのまま幸せな結婚に至れば万々歳ですが、付き合ってみて初めて見えてくることもあります。

まず、あなたを女性として大切に扱ってくれるかどうかは、非常に重要です。恋人を大切にできない男が、結婚後に一転して、妻を大事にできるようになるとは、とうてい思えません。

自分を大切にしてくれる男性を見分けるポイントは3つです。どれも小さなことですが、人の本質は細部に現れるのです。

門限を守ってくれるか？

ひとつめは、門限を守ってくれるか。**門限は、約束事の基礎です。これが守れない**

人は、どんな約束事も守れないと考えていいでしょう。

あなたがいくつだろうと、関係ありません。夜のデートでは、必ず門限を伝えます。ひとり暮らしの方は「明日の仕事の都合で、何時までには帰りたい」などと伝えるといいでしょう。

あるいは最終電車を気にしてくれるかどうか。これだけでも、相手の気遣いの程度がわかります。

「デキ婚」の離婚率が高いのはなぜ？

ふたつめは、避妊です。これは2人で守るべきことですが、避妊をまったく気にせず性行為に及ぼうとする男は好ましくありません。

といっても、僕は、いわゆる「デキ婚」が悪いことだとは思っていません。なかには、妊娠することで周囲に結婚を認めてもらうために、計画的に避妊をしないカップルもいるでしょう。

ただ、はからずも妊娠してしまい、結婚した夫婦には、離婚するケースがかなり多いと感じていることも事実です。そして、なぜ、そうなのかと考えてみると、やはり避妊をしない男は避けたほうがいいという結論に行き着いてしまうのです。

付き合っている女性が妊娠し、結婚話が持ち上がると、男性は決まって「責任を取って結婚します」といいます。でも、考えてみればおかしな話です。

そもそもなぜ、はからずも妊娠してしまったかといえば、ちゃんと避妊しなかったからですね。では、なぜ避妊しなかったのでしょう。責任感がないからです。

それなのに、妊娠したとたんに「責任を取ります」というのは、責任の何たるがわからないまま、ただの義務感からいっているだけにすぎません。

そんな男が、急に夫となり親となったときに、本当に家族に対する責任を果たせるでしょうか。わかりやすいのは金銭面です。おそらく生活資金も育児資金もなく、親に泣きつくケースがほとんどでしょう。

付き合っている女性を大切に思うのなら、避妊して当然です。**「彼女の両親に堂々と挨拶に行き、彼女にウェディングドレスを着せてあげて、新婚旅行にも行って、そこから子作りをして、幸せな家庭を築いていきたい」というビジョンが、本当の責任感**なのです。

それに、彼女を妊娠させてしまったら、彼女の両親に最初にいう言葉は「申し訳ありません」です。

いい男ならばプライドがあり、プライドがある男にとって、最初から謝るなんてかっこ悪すぎます。つまり彼女の両親との関係を「申し訳ありません」から始めないためにも、いい男＝あなたを大切に思ってくれる男ほど、避妊するものなのです。なかなか結婚に踏み切れないなか、妊娠が最後のひと押しとなって結婚したというケースもあるでしょう。その後、奮起して仕事をがんばり、夫として父として、立派に責任を果たしている男もいるかもしれません。

でも、これはすべて結果論です。正反対の結果も十分にありうるわけで、そこでは妊娠した女性が泣く羽目になる場合が多い。だからこそ、付き合っている時点で責任感を示せない男は、避けたほうがいいのです。

もちろん、最初にもいったように、避妊は２人の責任であって、男性側だけの責任ではありません。

避妊しない性行為を、はっきりと拒否する。そこで相手がどういう態度になるかによって、相手の本気度を見極めるくらいであってほしいと思います。

また、そういう女性の真剣な姿を見て、最初は遊びのつもりで性交渉をもとうとしていた男が、がぜん本気になるというのも、じつはよくあることなのです。

「彼氏みたいな人」は彼氏ではない

そして3つめは、ちょっと変化球です。

女性のお客さんに「彼氏はいますか?」と聞くと、「うーん、彼氏みたいな人はいます」と答える方が、けっこういます。

「彼氏みたいな人」——おかしな表現です。最初は真意をはかりかねたのですが、こう答える女性たちの話を聞くうちに、実情が見えてきました。

彼氏ではないけど、よく2人で会う。会えば性行為もする。でも、はっきりと好意を伝え合ったわけでも、「付き合おう」といわれたわけでもないし、自分から確認したこともない。

どうやらこういう状態にある相手を、「彼氏みたいな人」と呼んでいるようなのです。

ですから、「彼氏みたいな人がいる」という女性に、僕は「もう、その人と会うのはやめたほうがいい」と伝えます。

みんな、心の底では「あの人は、私に本気ではない」と、わかっているのかもしれません。ただ、さみしいから、情が移っているから、といった理由で離れがたくなっているのでしょう。

なかには、「ほぼ付き合っている」「きっと、いずれ正式に彼氏になる」と期待の言葉を口にする女性もいます。そういいつつも当の彼には何も確かめず、ズルズルと関係を続けているのは、はっきりさせようとすると彼が去ってしまい、自分が傷つくという恐れがあるからでしょう。

先ほどお話しした「何年もの片思い」と同様、結局のところ、傷つく覚悟を決められないために、自分を守っているだけなのです。

「彼氏みたいな人」は彼氏ではないし、この先も彼氏になる可能性は、きわめて低いはずです。その現実を受け止めて、はっきりと見切りをつけ、新たな出会いを求めたほうが、ずっと早く幸せに近づくことができます。

男性と女性とでは、過ぎていく時間の重みがまったく違います。

男性が、だいぶ年を重ねてから若い女性と結婚するというのは、よくあることです。しかしその逆は、残念ながら、非常に稀といわなくてはいけません。

女性は年を重ねれば重ねるほど、結婚するチャンスが減っていく。酷かもしれませんが、これが偽らざる現実です。子どもをもちたいと思っているのなら、なおのこと、女性にとって、過ぎ行く時間の重みは無視できないものなのです。

相手が「彼氏みたいな人」ならば、なおのことです。真剣に付き合う気がない、もちろん結婚する気もないに決まっている人に、時間を費やしている暇はありません。

というわけで、3つめのポイントは、そばにいる男性が「彼氏みたいな人」になっていないか。もっとわかりやすくいえば、「あなたが好き」「付き合いたい」ということを、きちんと「言葉」で交わしたかどうか、です。

たかが言葉と思うかもしれませんが、言葉は、人間だけに与えられたコミュニケーションツールです。人間同士では、言葉による意思疎通こそが、関係の基礎になるということです。

そして、2人で会うようになってからどれくらいで、言葉で好意を確認するかというのも、じつは重要です。

何度もデートは重ねているのに、肝心の言葉が出てこない。その場合、相手はあなたを恋人とは考えていない可能性が高いでしょう。

僕の先生たちは「目安は3回めのデート。男がどういうつもりなのか、自分はどうしたいのか、だいたいそこで決めたほうがいい」といっていました。

3回めのデートで相手から何もいわれなければ、自分から、「私たち、付き合って

るのかな？」と確かめる勇気も必要です。

そのまま会い続けて、なし崩し的に肌も重ねるようになり、情が移ってから「彼氏みたいな人」は彼氏ではない、と気づいても、時間は取り戻せないのです。

僕のお客さんにも、７回、デートを重ねた末に、彼の思いを確認したら振られてしまった、という女性がいました。

３回会った時点で男女として付き合うことにならなかった関係が、それ以降のデートで翻る可能性は、きわめて低いのです。

もし３回めくらいで確認していたら、その後、４回ものデートを重ねる数週間や数か月の間に、どれほど出会いのチャンスがあったことか。そう考えてみれば、早めに相手の思いを確認することの重要性もおわかりいただけるでしょう。

結婚の意思は、早く伝えたほうがいい

では、もう一歩進めて、相手に結婚の意思があるかを確認するには、どうしたらいいでしょうか。

やはり、ここでも「言葉」です。**「私は結婚したいし、子どもも欲しいから、結婚を前提にしたお付き合いでないと、できない」と、言葉で、はっきりと伝えるのが一番です。**

そこで相手にも結婚の意思があることがわかれば、もちろん、さらに付き合いを深めて、運命の相手かどうか見極めていきましょう。

「考えさせてほしい」といわれる可能性もありますが、その場合は期限を設けてください。そうしないと、返事をもらえないまま、ずるずると関係が続きかねません。

「結婚したい」が男を奮起させることもある

なかには、本当は結婚なんて考えていなかったけれど、女性から「結婚して子どもが欲しい」とはっきりいわれたことで、男が、がぜん張り切る場合もあります。

「こんな自分を、そんなふうに見てくれていたんだ。だったらこの人と一緒にやっていきたい。がんばろう」というふうに向上心を刺激され、奮起するのです。

なかには「結婚のつもりはない」といい続けられ、それでもアピールし続けて、ついに相手を本気にさせたというケースもあります。

それほどの覚悟があるかどうか、自分に対する試金石にもなるという意味でも、早めに結婚の意思を伝える意義は大きいでしょう。

言葉を交わし、ときには少し行き違い、傷つけ合うことがあっても、また言葉で引き合い、お互いの気持ちを確かめ合っていく。そのなかで、結婚に向けて2人の絆というものがつくられ、強まっていくのです。

自分の意思を再認識する

言葉で結婚の意思を伝えることには、自分が何を求めて今の恋愛をしているのか、「自分で自分の意思を再認識する」という効果もあります。

近い将来に結婚、出産というビジョンを描いていても、誰かを好きになり、付き合っているうちに、不思議と自覚が薄くなっていくものです。自分で自分の考えを忘れるかと思うかもしれませんが、意外と多く見られる現象です。

そんな自分に、「そもそも自分はどんなビジョンを描いていたか」「そうだ、私は結婚、出産して家庭を築きたいんだった」と思い出させる。これは相手の意思を確認するより、じつは、ずっと重要といってもいいくらいでしょう。

20代ならばともかく、30代、それも後半以降で結婚、出産を考えるとなると、時間の問題は見過ごせません。

前にも出したデータですが、30歳から婚活を始めて結婚できる確率は36パーセント、35歳からだと15パーセント、さらに40代になると5パーセントです。

占いのお客さんを見ていると、30代までは「出産したい」というのが結婚の動機の大半を占めます。ただ、40代になると、また別の動機で結婚願望が芽生える人が多く見られます。

その別の動機とは、「このままいけば孤独だと気づいたから」というものです。

いくらバリバリ働いて、仕事では輝いていても、家に帰ればひとりぼっち。若いころはそれでも気にならなかったのかもしれませんが、同世代の友だちが結婚し、着々と家庭を築いていると思うと孤独が身にしみます。

しかも、40代にもなると、両親の衰えも見た目に明らかになってきます。40代で親を亡くす人も、決して少なくはありません。

前々からわかっていたことだけど、親はいつかいなくなる。そして家族をもたない自分が親を亡くしたら、本当にひとりぼっちになってしまう。そんなこんなで、孤独というものが一気に現実味を帯び、「結婚したいなあ」となるわけです。

でも、この時点で、統計上では、すでに結婚できる確率は５パーセントにまで下がってしまっています。

もちろん、確率は低くても、40歳から婚活を始めて結婚できる人はいます。

私のお客さんにも、45歳で婚活を始めて46歳で結婚、47歳で出産した人など、５パーセントに入った実例はたくさんあります。ちなみに、この方が結婚を意識したのも、お母さんの死がきっかけでした。

40代を過ぎても結婚できないわけではありません。ただ、一番いいのは、40歳になって急に焦り始める前に、婚活を始めることです。

そこで自分が輝く魅力を放てるようにすることはもちろん、言い方は悪いのですが、ある程度、効率的に男性を選別することも必要です。

40歳になってから急に焦らないため。40歳以降、なるべく早く結婚するため。

いずれにせよ、**結婚したいのなら、結婚の意思のない男性に時間を使っている暇はないのだから、結婚の意思は早めに伝えるに越したことはない**のです。

「結婚を前提にした付き合い」以外はナシと割り切ろう

「付き合っている人がいて、相手はまだ結婚を考えていないようだけど、きっとそのうち考えてくれる」なんて悠長なことを考えている場合ではありません。それは、きっと自分自身が一番わかっているはずです。

にもかかわらず、

「いきなり結婚したいといったら、引かれるのではないか」

「重いと思われて逃げられそう」

「相手の気持ちを知るのが怖い」

などと尻込みしてしまう。僕のお客さんにも、そういう人がたくさんいます。すると、それとなく「結婚したい風」を醸し出して彼の反応を見るといった方法に出がちですが、そんなやり方は回りくどいだけです。

「結婚したい」といったら、相手は奮起するどころか引いてしまった、「重い」といわれた。

いいでしょう。結婚も家庭も「重くて当たり前」のものです。しっかり受け止める覚悟を見せられないような男と、それ以上、付き合っている時間はありません。見込みがないとわかったのですから、自分からさっさと見切りをつければいいだけです。

すでに好きになってしまっているからこそ、彼の本当の気持ちを知るのが怖いのかもしれません。「いつか結婚を意識してくれるはず」と期待してしまうのも、せっかく好きになって、付き合うところまでいった相手を離したくないからでしょう。

そう簡単には割り切れないという気持ちも、よくわかります。でも、**より早く「好きだけど結婚してくれない男」から離れれば、より早く「結婚を前提に付き合える、大好きな人」と出会える――**そう考えてみると、どうでしょう。

当たり前の話ですが、この世に男性はひとりではないし、好きになれる男性もひとりではありません。今の相手に見込みがないのなら、気持ちを切り替え、早く別の男性に目を向けたほうがいいに決まっているのです。

というわけで、結婚の意思は早めに伝え、相手の気持ちを確認すること。結婚したいと思っている以上は、今後、結婚を前提にした付き合い以外はナシ、と考えておきましょう。

男性のよしあしは、どこで見極めたらいいか

誰だって、出会い、恋愛、結婚という道のりを、なるべくスムーズに、もちろん心から愛し合える素敵な相手と歩みたいものでしょう。

最短コースで幸せな結婚に至るために、「最初から願い下げの男」なのか、「将来性において見るべきものがある男」なのか、見極める目も養っておきたいところではないでしょうか。

男の自信は「背中」に表れる

まず着目したいのは「背中」です。

背中は自信と将来性を表します。その男性が成功するかどうか、そして豊かな包容力でもって家族を大事にし続けるタイプかどうかが、背中を見るだけで、だいたいわ

かってしまうのです。

よく講演会でも実演するのですが、**猫背の人は依存傾向**があり、**束縛する傾向**が強く見られます。

かといって、ふんぞり返っているのも、よくありません。

なぜ、ふんぞり返るのかというと、単に虚勢を張っているからです。つまり、**ふんぞり返ることで強そうに見せているだけで、本当は自信がない**ということ。見た目は猫背と正反対ですが、本質的には同類なのです。

現に、僕とお付き合いのあるセレブの奥様たちに、「旦那さんのどこがよくて、結婚したんですか?」と聞くと、ひとつは「人格のよさ」、それに加えて「後ろ姿(背中)にほれたから」という答えが大半を占めます。

みなさん、最初から旦那さんがお金持ちだったわけではありません。

付き合っていたころは学生だった、標準的なサラリーマンだった、それどころか多額の借金を抱えていた。けれど、結婚した後に起業などで成功し、今では誰が見ても成功者といわれるようになっています。

そんな旦那さんをもつ方々が、一様に「背中に惚れて結婚した」というのは偶然ではなく、やはり、男の自信と将来性は背中に表れると考えるべきでしょう。

「手」には職業と相性が表れる

続いて「手」ですが、まず、手には仕事柄が表れます。

いかつい手をした人は道具を使って稼ぎ、きれいな手をした人は、仕組みや人を使って稼ぐとされています。**きれいな手の男性は、将来的にお金持ちになる可能性が高いと見ていい**でしょう。

じつは僕も、体つきはプロレスラーみたいなのに、手だけは柔らかく、男にしては華奢《きゃしゃ》でスベスベしています。

以前は、それがコンプレックスでした。「ブロックを叩くと手が大きくなる」と聞いて、やってみたこともあります。でも、師匠から「そんなこと、やめなさい。あんたは人や仕組みを使ってお金を稼ぐ。だから手がきれいなんだよ」といわれて、やめました。コンプレックスも解消しました。

そして今、実際に経営者として少なからぬお金を稼いでいます。師匠がいっていたことは本当だったんだと思います。

手の見た目に加えて、感触も重要です。出会いがあったら、チャンスを見つけて、ぜひ相手と握手をしてみてください。最初のデートの別れ際などに、「今日はありがとうございました」などといいながら手を差し出せば、不自然ではないでしょう。

そこでチョコンと指先だけで握る男は、自信がないということです。ガッシリと握り、なおかつ、その手が分厚くて柔らかかったら、かなり将来性ありと見ていいでしょう。というのも、**手の分厚さは情の厚さ、柔らかさは経済的な豊かさを表すといわれている**からです。

つまり、ガッシリと握ってきた手が分厚く、柔らかかったら、ゆくゆく大きな成功を収める可能性が高く、かつ豊かな包容力も兼ね備えているということです。

その一方で、相手の手を握ったときに、あなた自身が、どう感じるかも重要です。**相手の手が分厚くて柔らかくても、なんとなく気持ち悪かったり、違和感があったりしたら、あまり相性はよくないということ**かもしれません。

どれほど大きな可能性を秘めている男でも、自分との相性が悪ければ、幸せな結婚はできません。

そして相性とは、姓名判断でも占星術でもない、自分の感覚で見極めるのが、一番確かなのです（余談ですが、僕の先生は「相性占いが一番くだらない」といって、お客さんから頼まれても絶対にしませんでした）。

ここからは応用編になりますが、ある先生によると、自分の感覚で相性を確かめるのに一番いい方法は、右手と右手、左手と左手を同時に握ることです。

そうするには、向かい合わせで手をクロスさせて握るか、背後から手を握るか、どちらかしかないので、ちょっと難しいかもしれません。「基本は握手」としたうえで、もしチャンスがあったら、この応用編も試してみてください。

「衣食住」「歩き方」には将来性が表れる

次に注目したいのは、「衣食住」と「歩き方」です。

まず衣食住のうち「衣」は男の見栄が表れやすい場所です。**身なりが汚いのも問題ですが、これ見よがしにブランド品で固めているような男は、自信過剰ゆえに無駄づかいが多い**と考えられます。結婚してから、「この収入でこんなにブランド品を買ってしまってどうするのか」という人が多いため、収入に見合った身なりをしているかを見ることが重要です。

「食」も重要です。箸の持ち方や儀礼上のマナーが多少、間違っていても関係ありません。**「いただきます」と手を合わせる、そして食べ物をおいしそうに、かつ、音を**

立てたり食い散らかしたりせず、きれいに食べる男は、伸び代がある男です。

逆に、ご飯を残す男は計画性に欠ける傾向があります。お茶碗にご飯粒がベタベタにくっついている男は、のちのち、だらしない部分が現れてくる可能性が高いように思います。

「食べ方が気に障る人とは、その他すべてが好きでも、いずれうまくいかなくなる」ともいわれます。結婚したら、毎日、食を共にするわけですから、あながち間違った説ではないと思います。

一方、**「住」は、あまりきちんとしていない人のほうがいい**かもしれません。きれい好きを通り越して、神経質な潔癖性ともなると、結婚した後の苦労は目に見えているでしょう。

では「歩き方」はどうでしょうか。自己管理ができない人は、歩き方もだらしないもの。**足をずるずると引きずって歩く男は、何事においてもルーズな傾向**があります。時間を守らないほか、女性関係や金銭方面でトラブルを抱えやすい性質であると見たほうがいいでしょう。

お墓参りをするかどうか

そして最後に確かめたいのは、「お墓参りをしているかどうか」です。

ぜひ、「うちはお墓参りとかに厳しいんだけど、あなたの実家はどう？」という感じで軽く聞いてみてください。

先祖を大切にできる人のほうが、そうでない人よりも、はるかに成功する可能性は高いといえます。最低でもお盆とお彼岸に、きちんとお墓参りする人は、ご先祖様を味方につけているからです。

逆に、今まで多くの相談に乗ってきたなかでも、お墓参りの習慣のない人には、家庭や仕事に運もつかなければ幸もない、という人が本当に多いのです。離婚の相談に訪れる人たちも、お墓参りの習慣のない人が大半です。

女性は、結婚したら夫のほうのお墓参りを優先させたほうがいいので、とくに相手にお墓参りの習慣があるかどうかは重要です。彼自身にご先祖様にお参りする習慣がなくては、あなたもお参りできないことになってしまうからです。

ちなみに一説には、ご先祖様同士がお見合いをした結果、その子孫同士が出会うともいわれています。

たしかに、いい感じでお付き合いをしてきた2人が、お墓参りのときにプロポーズ、結婚したという報告はたくさんあります。ご先祖様同士で話がついていたと考えれば、ご先祖様が見ている前で、自然とその流れになるのもうなずけますね。

ポイントは「心の安定」

世の中、安定志向といわれており、結婚相手にも安定した職業に就いていることを求める女性が多いと聞きます。

でも、今は大企業といえども安泰ではありません。公務員になっても、働いているうちに仕事が嫌でたまらなくなり、後先考えずに辞めてしまう可能性はゼロではないでしょう。

つまり男性の将来性は、職業という表面的なことでは測れないのです。

では何で測れるかといえば、「心の安定」です。**働いている会社が倒産しても、安定した職業を手放すことになっても、家族のことをきちんと考えて、その先のビジョンを描き、邁進《まいしん》できる人――それが「心の安定」のある男**です。

そして背中や手から自信や将来性が感じられること、身なりで虚勢を張らないこと、神経質でないこと、食べ方や歩き方がきちんとしていること、お墓参りをすること、すべてが、じつは「心の安定」につながっています。

そういう意味で、今まで見てきたポイントは、じつは「心の安定」の程度から、男の将来性を見極めるものである、といってもいいでしょう。細部は全体を物語る。それは、ここでもいえることなのです。

離婚歴のある男性は？

ある程度の年齢の男性だと、離婚歴がある場合も考えられます。

「離婚したことがある」と正直に打ち明けてくれたとして、はたして、その男性を結婚相手として考えていいかどうか。離婚歴がある人は結婚に向いていないから、やめたほうがいいとは限りません。

ただ相手の言動で注目すべきことが、ひとつだけあります。

それは、**離婚を元妻のせいにしないこと。離婚のきっかけが元妻の浮気だろうと借金だろうと何であろうと、「自分にも非があった」といえる男性は、まだ見込みがあ**

ると考えていいでしょう。

夫婦の間で起こることは、すべておあいこです。相手がいなくては結婚できないのと同じく、離婚も相手あってのこと。つまり2人で結婚し、2人で離婚を選んだのですから、どちらかが100パーセント悪いということはありえません。

直接の原因が元妻の浮気や借金だったとしても、なぜ浮気や借金に走ったのでしょう。元を辿ってみると、元夫が忙しすぎて家庭を顧みず、さみしかったから、などの理由も考えられるはずです。

そこを振り返りもせずに「浮気した妻のせい」「借金をした妻のせい」「自分は悪くない」といい切ったとしたら、その男性は、きっと同じことをくり返すでしょう。

離婚の原因を自分自身にも見出せないようでは、次の結婚向けて、反省も改善もできるはずがないからです。

「仕事をがんばってきたが、そのせいで妻にさみしい思いをさせてしまったようだ。彼女のせいではなく、自分が悪かった」

これくらいのことがいえたら、「次は仕事をがんばりつつも、妻のことも気にかけよう」と思っているということ。少し付き合ってみてもいいと思います。

今まで見てきた別のポイントで「ナシ」となるかもしれませんが、少なくとも離婚歴は問題にはならないでしょう。

「マザコン男」が決して悪いわけではない

「マザコン男とは付き合いたくない」というのは、おそらくほとんどの女性に共通することだと思います。

ただ、**結婚相手として考えてみると、じつは、マザコン男は決して避けるべき相手ではない**のです。

以前、ある女性のお客さんが、ずいぶんと腹を立てて僕のところにやってきたことがありました。

わけを聞いてみると、「付き合って2周年という記念日に、ずっと一緒に過ごせるかと思っていたのに、ランチを食べて少し遊んだら彼が帰ってしまった」といいます。

その日は、じつは彼のお母さんの誕生日でもありました。「夜は家族でお祝いするから帰る」という彼に、彼女は「私との2周年記念より、お母さんの誕生日を優先するの？」と詰め寄り、ケンカになってしまったそうなのです。

「どう思います？」と不満気な彼女に、僕は「うん、彼は正しいね」といいました。

彼女はびっくりして「でもそれって、マザコンですよね。そんな人と結婚したらどうなるか……」と嘆きましたが、僕にはむしろ、彼は結婚相手として見込みがあると思ったのです。

結婚したら、彼女は「彼女」から「妻」になります。つまり彼の「家族」になるわけです。そう考えれば、**すでに母親という家族を大切にしている彼は、きっと将来、妻や子どもを大切にする、よき夫、よき父親になるに違いありません。**

もちろん、お母さんに聞かなくては何ひとつ決められないような男は、かなり問題のあるマザコン男といわねばなりません。

でも、そのお客さんの彼は、少なくとも、記念日のランチと午後の時間は彼女と過ごしました。そのうえで、夜だけは家族と一緒に過ごすために帰っていったのですから、立派なものではないでしょうか。

それをマザコンといって嫌がるのは、どう考えてもお門違いなのです。

逆に、もし「母親の誕生日だろうがかまわない。今日はずっと君と一緒にいたい」なんていう男だったら、きっと結婚後はよそに彼女をつくって、同じようなことをいうに違いありません。

つまり、今現在、家族を大切にしている男は、きっと未来の家族も大切にするだろうし、今現在、家族をないがしろにしている男は、きっと未来の家族もないがしろにすると考えたほうがいいのです。

とくに母親を大切にする男性は、女性には敬意を払い、大切にするんだということを、母親との関係から学んでいます。未来の夫に求める資質として、女性に敬意を払うことほど重要なものはないといってもいいくらいではないでしょうか。

また、お母さんとの関係性が濃い男性は、どちらかというと、あまり女性に対して社交的ではない傾向があります。

これは要するに、心を許せる女性が世の中にたったひとりでもいればいい、ということであり、心を許した女性のことは、とことん大切にするはずです。妻に大切にされている限り、ほぼ浮気の心配はないと見ていいでしょう。

……といった話をしたら、腹を立てていた彼女も考えを改めたようでした。今はその彼と結婚し、幸せな家庭を築いています。

マザコンというと、「何でもお母さんのいいなり」というイメージが強いと思います。でも、**マザコンを「家族を大切にできる人」と置き換えてみれば、それほど忌み嫌うべき性質ではなく、むしろ結婚相手としては美点ともいえる**ということが、おわかりいただけると思います。

2人の幸せを損ねないために、気をつけたいこと

しばらく男性の見極め方をお話ししてきましたが、意中の相手と結婚し、生涯、幸せな人生を共に歩んでいくには、もちろん女性としても心がけたいことがあります。

そもそも幸せな結婚とは、いったいどんなものでしょう。

愛してさえいれば、幸せになれる？　そうとは限りません。

というより、第1章でもお話ししたように、愛の意味を知り、それを2人で育んでいくんだという決意と覚悟が、まず結婚には必要です。愛とは、死が2人を分かつまで、共に育て続けるものなのです。

そのなかで夫がよりいっそう仕事に邁進し、大きな成功を収められたらいいですよね。幸せのとらえ方はそれぞれだとは思いますが、共に愛を育みながら、経済的な豊かさを得ることができれば、幸せの輪郭はしっかりと描かれるでしょう。

先ほどは男性の将来性を読み取るポイントを紹介しましたが、じつは、男性を上げ

るのも下げるのも、最終的には女性です。**いくら将来性のある男性でも、男性を下げてしまうタイプの女性と一緒にいたら、その将来性は損なわれてしまいます。**

男性の周りの縁を切ってはいけない

では、男性を下げてしまうタイプの女性とは、いったいどんな女性でしょうか。

ひとことでいうと、男性の周りの縁を片端から切っていく女性は、男性を下げてしまいます。

彼女ができたとたんに、電話に出なくなったり返信が来なかったりと連絡がつきづらくなり、急激に付き合いが悪くなっていく男性がいます。そこまでいかなくても、友だちと会っている間じゅう、彼女とメールやラインをする男性がいます。

彼らは、自分から望んで、そうしているわけではありません。付き合っている彼女に、そうさせられているのです。

「あなたには私がいるのだから、ほかの人とは会わないで」

「今、どこにいるの？　誰と、何してるの？」

というわけです。ひょっとしたら身に覚えがある人もいるかもしれませんね。

結婚してからも、夫の縁を片端から切っていく女性は少なくありません。

「私は家事や育児で大変なのに、あなただけ会社帰りに飲み行ったり、休日に仲間と出かけたりするのはずるい」

これも、よく聞く言い分ではないでしょうか。

自分としては、彼のことが大好きだから、家庭を大事にしてほしいから、というつもりかもしれませんが、これがのちのち大きなしっぺ返しとなります。

縁は人の円、お金の円

縁は、つながっていくほどに人の輪をつくり、そこでお金が生まれていきます。

そう考えると、昔の日本人が通貨の単位を「円」と定めたことには、深い感慨を覚えてしまいます。

縁は円となり、円を生み出す。チャンスはすべて、縁あってつながった人たちの輪をめぐりめぐってやってきます。つまり、**男性がつながっている縁を切っていく女性は、その縁から生まれる円（人の輪）も円（お金）も断ち切ってしまう**のです。

縁のなかには、もちろん、自然に切れていくべき縁もあります。

たとえば、「近ごろ、なんだか学生時代の友だちと会っていても楽しくない」なんて思ったことはありませんか？　それはおそらく、今のあなたの波長と、かつての友人たちの波長が合わなくなっているからです。

仕事の変化、環境の変化、ライフステージの変化、そうしたさまざまな変化によって、人の波長はどんどん変わっていきます。昔の仲間と会っているときに違和感があったら、それは自然と切れるべき縁だというサインかもしれません。

これと同じことが、男性にもいえます。

あなたと付き合ったことで彼が向上し、波長が高まると、今まで付き合ってきた仲間に彼が違和感や居心地の悪さを感じることもあるでしょう。そういう場合は「去る者は追わず」で、彼と仲間の縁が切れてしまってもかまいません。

ただ、いい縁も新しい縁もすべて断ち切ってしまうのは、男性の将来性を損なわせるということです。**彼を独占しようとすることが、縁を介して男性に訪れるはずの幾多のチャンスを潰すことにつながってしまう**のです。

男の縁切りをするとどうなるか

これには、まだ先があります。

「私だけを見て」「できるだけ家族と一緒に過ごして」といって縁を断ち切ったはてには、どんなことが待ち受けているでしょうか。

「濡れ落ち葉」という嫌な言葉があります。定年を迎えた夫が、することがなくて妻にまとわりつく様子を指す言葉ですが、本来は好奇心旺盛で人付き合いも盛んだったはずの夫が、なぜ、そうなってしまうと思いますか。

夫の日常を、仕事と家を行き来するだけにしてしまったのは、そう、妻のほうです。**かつて夫の周りにあった縁を断ち切った結果、夫は仲間も趣味もない人間となり、そして定年後、パッタリと、することがなくなってしまう**のです。こうなると、夫婦一緒の時間を楽しむこともできません。

そんな事態になってから、「あなた、趣味のひとつくらいもったらどう?」なんて夫に不満をぶつける。当の自分が夫の縁を断ち切っておいて、いったいどの口がいうのかという話です。

そのうえ、張り合いのない毎日は気力も体力も奪い、ひいては体や頭の健康も損なわせかねません。実際、仕事ひと筋で生きてきた男性が、定年後まもなく認知症になったというのは、よく聞く話です。

夫の縁を断ち切ったことが夫の飛躍を妨げ、そして数十年後にも大きな代償を払わなくてはいけないということわけです。

夫が笑っていることが、幸せの条件

男性を上げるタイプの女性は、決して男性が周りの縁を切ったりしません。それどころか男性の縁が広がっていくことを喜び、サポートします。

なぜ、それができるのかというと、彼と一緒にいる時間も、ひとりの時間も、同等に楽しめるからです。

そして結婚して子どもが生まれてもなお、休日に外出する夫を「いってらっしゃい」と笑顔で送り出す。そして自分は自分で子育てと家事をしつつ、自分の時間を楽しみます。

家事と育児に追われるなかで、「そんなの無理」と思うかもしれませんが、先ほど見たような未来は誰だって避けたいはずです。

夫が楽しく笑って過ごすことが、もれなく家族の幸せにつながります。**夫が自由に縁をつないでいけばいくほど多くのチャンスが訪れるし、楽しく笑って過ごせることで、夫はいっそう家族を大切にし、さらに仕事をがんばれる**からです。

だから、「彼と四六時中、一緒にいなくては嫌」ではなく、まずは「それぞれが自分の時間を大切にし、お互いにそれを認めている」「だからこそ2人の時間も楽しめる」と考えてみてください。

この心がけは、男性を向上させるためにも、結婚後に共に愛を育みながら幸せになっていくためにも、欠かせない条件なのです。

相手を束縛する人ほど浮気する、その理由

束縛は、恋愛において気をつけたいことナンバーワンといってもいいものです。なぜかというと、たいていの男は束縛を嫌うため、束縛する女性は、遅かれ早かれ振られてしまう可能性が高いから。それもそうなのですが、それ以上に重大な問題があります。

じつは、束縛する人ほど浮気をする傾向があるのです。

つまり彼氏を束縛しておきながら、自分のほうが別の人に気持ちが動いてしまい、みずから恋人との関係を破綻させてしまうことが多い。だからひとりの人とじっくり付き合うこともできないし、当然、結婚もできません。

この問題を解決する方法は、なぜ束縛してしまうのか、その根本的な原因を探ってみると見えてきます。

自信がないから束縛する、自信がないから浮気する

どうして、彼を束縛したくなるのか。いつも一緒にいたいし、一緒にいないときには、いつ、どこで何をしているのか把握しておきたいのでしょう。

その一番の理由は、自信がないからです。自信があれば、彼氏がどこで、何をしていようと不安は感じません。たとえ「人数合わせで合コンに誘われちゃって……」といわれようとも、動じないでしょう。

そして浮気しやすいのも、じつは自信がないからなのです。**自信がないから束縛する一方で、自信がないから浮気する**というわけです。

男のなかには、女性のコンプレックスを手玉にとる輩《やから》も多いということは、前にも説明しました。もし、そんな男に自信のなさを見破られ、つけこまれて、熱心に言い寄られたら、気持ちがグラグラと動いても不思議はありません。

裏を返せば、自信をつければ束縛することもなく、いっときの気の迷いで浮気することもなくなるということです。

この点でも、セレブから学べることは大きいでしょう。

ある奥様などは、ご主人が女性もいる集まりに呼ばれるたびに「行ってもいいか」

と聞いてくるのに対して、「私に何でも許可を求める男にならないで」といったそうです。

「私にあなたが必要であるように、あなたにも私が必要。そう信じているから、あなたの素行を私は疑わない」と。これは自分自身、そしてご主人との関係に揺るぎない自信があるから、いえることです。

人を褒めること

では自信をつけるには、どうしたらいいでしょうか。意外に思えるかもしれませんが、それは人を褒めることです。前に、**男性を向上させるには、褒めるのが一番といいましたが、自分が自信をつけるためにも、じつは褒めることが効果的**なのです。

なぜ、人を褒めると自信がつくのでしょう。

そもそも自信がないのは、自分を肯定できる部分と否定してしまう部分とでは、否定してしまう部分のほうが多いからです。

ならば自分を肯定すればいいという話ですが、否定してしまう部分のほうが多いなかでは、なかなか自分を肯定するというのは難しいものです。

だから、まずは人を肯定する。会う人、会う人、褒めてみてください。すると、その肯定感は自分に返ってきます。

この点でも、セレブリティの奥様方が、とてもよいお手本になります。

彼女たちは、自分のご主人を決して否定せず、いつも自慢します。と同時に、人に会った瞬間に、何かしら褒め言葉を口にするのです。「あら崔先生、今日も素敵ですね！」といった調子です。

前に「地球は丸いから、自分が発する言葉は自分に返ってくる」とお話ししたとおり、褒め言葉はいえばいうほど、自分に返ってきます。それが揺るぎない自己肯定感につながり、本当の自信を生み出すのです。

人を褒めるということに関して、ここでひとつ、おさらいしておくと、一番いいのは、陰で人を褒めることです。

たとえば、部下同士で飲みに行って、上司の悪口大会になったとしましょう。でも、その上司を理解していれば、悪いところばかりではないとわかるはずです。

そこで「○○さんは、たしかにそういうところもあるけれど、私は、こういうところがすごいなと思うよ」というようにしていると、その肯定感は、やがて10倍にも20倍にもなって、自分に返ってきます。

このように、まず人を褒めることで、本当の自信をつけてください。そうしているうちに、束縛も浮気もせず、ひとりの人とじっくり付き合い、やがて結婚、というふうに運命も切り開いていけるでしょう。

男性を完璧に満たしてはいけない

「男性を完璧に満たしてはいけません」

これも、女性のお客さんに僕がよく言うことです。

たとえば、すぐに体を許さないというのも、男性を簡単に満たさないということ。

加えて「やめておいたほうがいい」とアドバイスするのは、同棲です。

しばらく付き合って、結婚を考え始めたものの、本当にうまくいくかどうか、自信がない。そこで「お試し」のつもりで一緒に住んでみる。

よくある発想だと思いますが、同棲して1年、3年、5年と経ち、いまだ結婚していない……という「長すぎる春」に陥る方が多いようです。

なぜ同棲によってかえって結婚が遠のくかというと、女性は同棲で満たされなくても、男性は満たされてしまうからです。

なぜ、同棲すると結婚が遠のくのか

同棲は、いうなれば擬似結婚です。その擬似的な結婚を通じて、結婚で得られるような生活を体験することができます。もちろん女性のほうは、その先に「本物の結婚」を思い描くのですが、男性はちょっと違います。

たとえば、お互いに働いていても、料理やそうじ、洗濯を彼女がしてくれるとしたら、本物の結婚なんて責任が伴うことはしなくてもいいのではないか。

しびれを切らした彼女から「同棲してうまくいっているし、そろそろ結婚は？」と持ち出されても、「もう結婚しているようなものだから、このままでよくない？」と答えるのが、男性に見られる傾向なのです。

ここで見切ることができれば、まだいいほうです。

そういう男性に流されて、結婚しないままなんとなく一緒に住み続け、そのうちなんとなく妊娠し、「じゃあ仕方ないか」という感じでなんとなく籍を入れることになるかもしれません。

前に、「結婚とは共に歩み、愛を育むという決意と覚悟をもってするものだ」といいました。同棲から、なし崩し的に妊娠、結婚という流れで、はたして、そんな決意と覚悟の元、幸せな家庭を築くことができるでしょうか。

適度な距離感が大事

男性を満たしてしまうといえば、「都合のいい女」も同じです。

急に「会いたい」と連絡してくる彼に、いつでも会いに行く。

「次のデートはいつにする?」と彼に聞かれて「いつでも大丈夫」と答える。

そうではなくて、急に「会いたい」と連絡がきても、「今日は無理」と答える。

「次のデートはいつにする?」といわれたら、「何日と何日だったら空いている」と自分の都合を示す。

本当に予定が入っているかどうかは関係ありません。**重要なのは、「都合のいい女」という印象を与えないこと**です。

恋愛の最初にある感情は、「好き」です。でも「好き」は、残念なことに、すぐに飽きてしまいます。

ショートケーキが好きでも、「毎日、食べていいよ」といわれたら飽きてしまうでしょう。でも、ショートケーキを出されて「今日は半分だけ」といわれたら、「早く残りの半分を食べたいな」となるはずです。

この渇望感を、男性に抱かせ続けることが必要なのです。**「いつもそばにいる」「いつでも会える」ではなく、会えない間、「会いたい」という気持ちを募らせる。そんな存在であり続けることが、男性の心を惹きつけ続けるカギ**といえます。

同棲しない、都合のいい女にならない。これらは言い換えれば、適度な距離感を保つこと、といってもいいでしょう。男性の渇望感は、適度な距離感から生まれるというわけです。

「自然体」には落とし穴がある

「この人の前では自然体でいられる」――飾らない自分でいられるというのは、よさそうに見えて、じつは男女の距離感を失わせ、男性から渇望感を損なわせる原因になりかねません。

出会い、付き合っている間はもちろん、ついには結婚し、世界で一番近い存在になってもなお、男女は他人です。

その他人の前で両親に見せるような姿を見せていたら、女性は、どんどん女性としての魅力を失っていきます。そのなかで、男性が、あなたを女性として見なくなってても責められません。

つねにフルメイクをして着飾っている必要はありません。かといって、**あくまでも他人である彼の目を気にしなさすぎるのも問題**です。

たとえば簡単に裸を見せないこと、だらしない格好をしないこと、なるべく、きれいでいること。これらも適度な距離感を保ち、男性に渇望感を抱かせ続ける方法といえるのです。

この「別れ方」、この「別れる理由」が次の恋愛を妨げる

付き合っている男性がいるけれど、近ごろ、熱が冷めてきてしまった。もう結婚相手とは考えられないから、別れたい。

そんなとき、あなたならどうしますか。

はっきりと自分の気持ちを伝えて、きっぱり別れる。これができれば上出来です。

では、よくない別れ方、もっといえば最悪な別れ方とは、何でしょう。

それは、会う頻度を下げる、連絡がきても返信しない、こうして徐々に距離を置き、相手から別れを切り出させるという別れ方です。

「もう好きではない」「別れたい」と伝えるには勇気が必要です。確実に相手を傷つけることになりますし、相手が怒りだす可能性もあります。何より自分が傷つかないための、一種の自己防衛という意味合いが大きいのでしょう。

でも、だからといって、**半ば自然消滅を狙って、相手から別れを切り出させるというのは、とてもずるいこと**です。

相手を傷つけたくないから、少しずつ距離を置いて別れる……そんなのは言い訳、きれいごとです。単に自分が矢面に立ちたくないから、「悪者」になりたくないから、逃げているだけでしょう。

「ずるいといわれてもいいから、自分から別れを言い出すのは嫌だ」と思ったかもしれませんね。では、この別れ方が、次の出会いを遠ざけたり、恋愛をつまずかせたりするといったらどうでしょう。

ちょっと考え方を改めたくなるのではないでしょうか。

はっきり別れないと、どうなるか

彼の立場になって考えてみてください。

付き合っている彼女から、急に連絡がこなくなった。「会いたい」と連絡しても返信がなかったり、お茶を濁されて全然会えなかったりする。この状態が長く続けば続くほど、「会いたいのに、どうしてだろう、どうしてだろう」という思いが募ります。

この「募る思い」こそが、次の恋愛を妨げる原因です。

会えない状態が続いたはてに、理不尽に思いながらも、彼から別れを切り出してきたとします。あなたとしては「よかった、これで別れられる」と思うところでしょうが、そこまで積もり積もった彼の「思い」「念」は、簡単には消えません。

つまり、**別れてからも彼の念があなたに残り、それが次の出会いを遠ざけたり、恋愛をつまずかせたりする**というわけです。

別れたいと思ってから、早々に、はっきりと自分から別れを告げれば、そんなことにはなりません。彼は傷つき、あなたを恨む場合もあるかもしれませんが、煮え切らない態度をとり続けた場合のような強い念は残らないのです。

「いい人」は、結婚する理由になるべき

別れ方もさることながら、別れる理由についても、お伝えしたいことがあります。

これは、まず実例から見ていきましょう。

僕が見てきたなかには、ある点で共通している興味深い夫婦の実例がたくさんあります。

共通しているのは、男女のうち、どちらかが恋愛経験豊富、どちらかが恋愛に不慣れという点。さらに恋愛に不慣れなほうは、今までさんざん異性に告白しては、ある理由で振られてきているという点です。

そんな彼らが出会い、恋に落ち、ついには結婚しました。そのときに恋愛経験豊富なほうが「なぜ、その相手と結婚したいと思ったのか」、そして恋愛に不慣れなほうが「今まで何といわれて振られてきたのか」、これらが、じつはぴったり一致するのです。

その理由とは、「いい人」です。

恋愛の不慣れなほうは、ずっと「いい人なんだけど」と振られてきました。一方、恋愛経験豊富なほうが、今までにたくさんの異性と付き合ってきたはてに結婚した、そこで決め手となった理由は、「いい人だから」だったのです。

ここから何がいえるか、おわかりでしょうか。

いろいろなタイプの異性と付き合ってきた恋多き人たちが、最後の最後に選んだ相手が「いい人」だった。火遊びのような恋ではなく、共に歩み、愛を育んでいく結婚では、結局のところ、そこが一番大事ということです。

「いい人なんだけど」という言い分は、何が不満なのか、理由が見当たりません。

恋に恋している間は、ちょっと強引なくらいグイグイ引っ張って行ってくれるような男性に惹かれるかもしれません。ちょっと危険な雰囲気のある男性がかっこよく見えることもあるでしょう。

でも、そういう人が結婚相手としてふさわしいかと考えてみると、ちょっと違うのではないでしょうか。

「いい人」とは、そのとおり「いい」「人」です。**誰も「悪い人」とは結婚したくないはずですから、「いい人」は、むしろ付き合う理由、ひいては結婚する理由であるべき**なのです。

女性にとって不倫ほど人生を壊すものはない

本章の最後に、絶対に付き合ってはいけない男性についてお話ししておきましょう。それは既婚男性です。つまり不倫の恋だけは、どんなに相手に心惹かれ、相手もあなたに心惹かれたとしても避けたほうがいいのです。

なぜなら、不倫ほど女性の人生を壊すものはないからです。

不倫をする人は「どうせ妻は気づかない」「バレなければいい」とタカをくくっているものです。だから不倫を続けるわけですが、冷静に考えてみたら、どうでしょう。本当に気をつけていればバレないと思いますか。

女性だったらわかるはずです。「女の第六感」はそうとう鋭く、どれほど男性が巧妙に浮気を隠そうとしても、勘づくものです。

おまけに男性は、びっくりするくらいウソをつくのが下手ですし、ツメが甘いというのか、カードの利用明細や領収書などで何かしら不倫の痕跡を残してしまいます。

妻にバレないほうが珍しいといっていいでしょう。

何より不倫は、ほとんどの場合、時間の無駄になります。

不倫相手と結婚する確率は、きわめて低いものです。ズルズルと不倫関係が続くか、あるいは相手は家庭に戻り、あなたはふたたび、ひとりになるかのどちらかでしょう。いずれにせよ、その男と過ごす時間は、スリリングではあっても、あなたの幸せに向けては半歩も動いていません。

家庭を持ちながら、家庭外では恋愛を楽しみたいだけの男に時間を費やすことで、あなたは女性としての貴重な時間を奪われていくのです。

もしかしたら、既婚男性を好きになり、相手もあなたに思いを寄せることがあるかもしれません。

それでも、不倫は避けるべきです。「妻とは離婚する」といわれても、応じてはいけません。その多くは、あなたとの関係を不倫に持ち込み、長続きさせるための方便だからです。

相手への気持ちを断ち切れなければ、「私と会いたいならば、それだけの気持ちがあるのなら、奥さんとちゃんと離婚した後に会いに来て」と伝えてください。

好きだからこそ気持ちが揺らぎ、「一緒にいたい」と思ってしまうのはわかります。

でも自分自身の幸せのために、既婚男性と相思相愛となってしまったときには、これだけは守ってほしいと思います。

不倫を避けるコツ

自分の幸せのためには、不倫に陥らないことが一番です。

不倫を避けるには、「妻とうまくいっていない」「女性の意見が聞きたい」などという既婚男性の相談に、決して乗らないことです。というのも、相談に乗っているうちに情が移り、なし崩し的に不倫に発展してしまうというケースが非常に多いからです。

家庭の相談をしてくる男性の大半は、さも自分が被害者であるかのように話します。それを聞いた女性が「奥さん、ひどいね」「私だったら、旦那さんに絶対そんなことしない」と慰めてくれることを見込んで、そういう話し方をするのです。

ところが実際のところは、家庭がうまくいっていないのではなく、奥さんが妊娠中だったりします。

許せないことですが、既婚男性が自分を家庭内の被害者と見立てて話すのは、要するに独身女性を口説き落とすための手口なのです。その末に待ち受けているのが、多くの場合、不倫というわけです。

もし不倫に足を踏み入れそうになったら、「10年前の自分」と会話をしてみてください。10年前には自分が不倫するなんて想像もしなかった、という人が大半でしょう。

にもかかわらず、不倫に足を踏み入れそうになってしまうのはなぜなのか。一番のきっかけは、「既婚者の人の家庭相談に乗るくらいなら、いいか」という甘さから気持ちが芽生えてしまうことです。最初の「まあいいか」が分かれめなのです。

困難にぶつかっている男の姿は、女性の尽くす心をくすぐります。そのため、一度でも相談に乗ってしまうと、相手に感情移入してしまうことが多い。家庭の相談をしてくる男は、まさにそこにつけ込もうとしているので、本当に気をつけなくてはなりません。

困難は、ときとして人を魅力的に映し出すものですが、冷静になって別れた後には、「どうして、あんな人を好きになったのか」と思うことがほとんどです。

もし既婚男性が家庭の相談をしてきたら、その男には下心があると見てください。

そして一時の情で人生を踏み外さないよう、きっぱりと「私は相談に乗れない」「男友だちに相談したら？」などと突っぱねることが、最大の不倫予防策です。

結婚相手を見極めてもらうなら、有名な占い師より「この人」

付き合いが順調に進むと、いよいよ、2人の間では結婚が現実味を帯びてきます。互いの両親を、いつ会わせるか、式はいつ、どんな形で挙げるか……などなど具体的な話も浮かんでくるなかで、女性としては「本当にこの人でいいんだろうか」と、最後の一押しが欲しいと感じることもあるでしょう。

どれほど有名な占い師でも、彼を見極める際にはアテになりません。

ここで頼るべき人はたったひとり、それも身内にいます。自分のお父さん、お母さん、彼のお父さん、お母さん、このうち誰だと思いますか。

結論からいうと、**誰よりも先に彼を引き合わせたいのは、「自分のお母さん」**です。まず男性は女性より直感が働きづらいので、双方のお父さんは除外します。さらに彼のお母さんにとって、息子の結婚相手となる女性は「かわいい息子を奪う存在」ですから、やはり除外です。

一方、自分の母親は、心底、娘の幸せを願うことで第六感が働くといったらいいのか、直感的に、彼の真価を見極めてしまうことが多いのです。

犯罪者と結婚せずに済んだ話

僕のお客さんにも、以前、こんなことがありました。

その女性は35歳、彼は同い年のエリートサラリーマンで、彼女がいうには「人柄も温和で寛大」でした。職業的にも人柄的にも、結婚相手としては申し分なく、すでにプロポーズもしてくれたそうです。

僕は「よかったですね」といいつつ、「結婚の話を進める前に、一度、彼をお母さんに会わせてみてください」とアドバイスしました。

そこでさっそく彼女が場を設けると、お母さんは彼に対して、いいようのない違和感を抱いたそうなのです。

会ったのは喫茶店だったのですが、彼がコーヒーに砂糖を入れ、スプーンでかき混ぜてソーサーに置いた――その仕草を見て、「この人はだらしない人だな」という印象をもったといいます。

きっと誰も気に留めないような、何気ない仕草だったのだと思います。

それでもお母さんは、どうしても彼に対する違和感を拭えませんでした。そのため、「あの人との結婚は、もう少し待ってくれない？　1年経って、あなたの気持ちが変わらなかったら、改めて会わせてほしい」と彼女にいったそうです。

せっかくプロポーズしてくれた彼をお母さんに否定されて、その女性は落ち込みました。

「もう35歳だし、早く結婚したい。子どもも欲しい。お父さんだって『あの会社に勤めている人なら安心じゃないか』といっている。それなのにお母さんは、1年も待て、だなんて……」と、お母さんを責める気持ちもあったそうです。

でも結局、「お母さんがそういうなら、1年待ってみよう」と決断しました。


ところが、それから半年も経たないうちに、驚くべきことが起こりました。

その彼は、今まで会社の資金を500万円も着服しており、業務上横領罪で逮捕されてしまったのです。着服したお金はギャンブルに消えていたそうです。

それだけではありません。どうやら彼は、独自のルートで、彼女が不動産会社経営者の一人娘であり、実家が裕福であることを突き止めたうえで、彼女に近づいたようでした。

もし結婚していたら、その女性は、夫の金銭問題の尻拭いのために実家の財力を借りる羽目になっていたことでしょう。

そんなとんでもない男と結婚せずに済んだのは、いいようのない違和感から「結婚は1年だけ待って」とアドバイスした、お母さんのおかげでした。お母さんが抱いた「だらしない人」という印象は、彼がお金にだらしないことを指していたのです。


こうして、結婚寸前までいった男性に手ひどく裏切られた彼女が、数年後、また「会ってほしい人がいる」といってお母さんに会わせたのは、土木関係の仕事についている男性でした。

彼の髪の毛は金髪で、はっきりいって「常識的な親」が見たら眉をひそめてしまうような風貌です。ところがお母さんは、ひと目でこの男性を気に入ってしまいました。

その後、実家に挨拶に来ると、お父さんは激怒し、「結婚しても、この家の財産はびた一文、お前にはやらない。どうしても娘と一緒になりたいんだったら『財産はいっさい求めない』という念書を書け」とまでいったそうです。

もしかしたら、お父さんは、前の彼の一件が頭をよぎったのかもしれません。ともあれ、彼は何の躊躇もなく念書を書き、2人は結婚しました。

その後、どうなったかというと、彼は勤めていた会社から独立し、自分で土木や不動産の事業を起こして大成功しました。2人は子どもにも恵まれ、幸せな家庭を築いています。

しかも、すっかり立派な経営者となった彼に、なんと彼女のお父さんのほうから「うちの会社にも不動産がたくさんあるし、一緒に組んで事業をしないか」といってきたそうです。

「いえ、結婚するときに念書を書いたので……」と彼が断ろうとすると、お父さんは「そんなものはとっくに無効だ！」と言い放ったとのこと。かつて結婚に大反対したというのに、今では彼が一番のお気に入りになっているようです。

「母の第六感」はすごい

娘が彼を連れて来たときに、母親は「2人は幸せになるだろうか」とは考えません。「娘は幸せになるだろうか」と考えます。

それは父親も同じなのですが、ここで**鋭い第六感が働くのは、自分の血肉を使い、**

10か月もかけて胎内で育てた母親のほうなのです。

その点で父親は歯が立たないというのは、今のエピソードからも、よくわかるでしょう。第六感が働きづらい父親は、どうしても年齢や職業や風貌など、目に見えるところだけで相手を判断してしまう。これは仕方のないことです。

父親の反対を押し切って結婚して幸せになる女性は、たくさんいます。でも、母親の反対を押し切って結婚した女性が幸せになったという話は、あまり聞きません。

だから、結婚を考えている相手は、まずお母さんに会わせてみること。先入観が邪魔しないよう、年齢や職業などは伏せ、ただ「会ってほしい人がいる」とだけ伝えると、なおいいでしょう。

最後に決めるのは自分自身

なぜ僕が、まずお母さんに彼を引き合わせることをおすすめするのか。それは、僕のところに**離婚の相談に訪れる女性の多くが、「お母さんは彼に難色を示していた」という点で共通している**からです。

いざ結婚してみたら、ろくに働かない、金銭トラブルを抱えていた、女性関係にだらしない……。

あまりにもひどい有様を聞かされて「結婚前にわからなかったんですか？」と聞くと、たいていは「わかりませんでした。結婚前はいい人だと信じていたんです……」という答えが返ってきます。

そこで「ちなみに、お母さんは彼についてどういっていましたか？」と聞くと、「なんだか微妙な反応だった」「『あなたがいいなら、いいけれど……』と濁された」などなど、もろ手を挙げて賛成していたわけではなかった実態が見えてくるのです。

先ほど紹介した例が特殊だったのではなく、娘の幸せを願う母親は、おしなべて第六感が働くもののようなのです。

ただし、**お母さんが彼について下した評価を、どう受け止め、判断するかは、最終的にはあなた次第**です。

第1章で、「後悔の数は不幸の数」とお話ししました。人は何かが起こったことで不幸になるのではなく、何かが起こったときの後悔によって不幸になる。ここでも同じことがいえます。

「お母さんが反対したから結婚をやめた」「だから私は未だにシングルなんだ」と、

いつまでも母親を恨み、「あのとき、結婚していたら……」と後悔しそうなのであれば、母親の反対を押し切ってでも結婚すればいいのです。

つまり、お母さんが彼との結婚に難色を示した、そこで「だったらやめておこう」とするのも「やっぱりこの人と結婚しよう」とするのも、自分自身ということ。

自分が決めたことについては、誰を責める必要もありません。**あくまでも自分で決め、過去に後悔を残さないことが一番大切**です。

コラム 3

僕の占いは「やっぱり当たらない」？

最近は、占いの予約がなかなか取れないこともあってか、ブログのコメント欄に、長々と相談を書く人が大勢います。

ただ、ブログのコメント欄で相談に乗ることはできません。

直にお会いしなくてはわからないことも多いものですし、お金を払って占いに来てくださるお客さんたちに申し訳ないというのもあります。それに僕自身の経営者としての時間、家族との時間も削られ、たちまち、なくなってしまうでしょう。

そんなわけで、コメント欄は、いつも読むだけにさせてもらっているのですが、ある日、こんなコメントに目が止まりました。

「先生の占いは、やっぱり当たりませんね」

「当たらない」といわれても少しも傷つきませんが、「なんだろう？」とは思います。

そこでコメントを読み進めてみると、次第にいいたいことが見えてきました。

僕はお客さんに「家相」や「吉方」をお伝えすることもあります。家相というのは、家のどの位置に自分の部屋を取るといいか、吉方というのは、その人がその時期に、どの方向に行くといいか、といった話です。

そのコメントを書いたのは、前に結婚の相談に訪れたことのある女性でした。年齢は32歳で、今までに一度も彼氏がいたことがないとのことでした。ただ、最初に手相を見てみると、結婚の相がまったく出ていなかったのです。

「手相には、今後、結婚するという流れは見られません」

こう伝えたうえで、建物の南か東南の方向にある部屋に引っ越すことと、吉方に出かけることをすすめました。でも、最初に「結婚するという流れは見られない」といわれたことがショックだったのもあるのか、「もう絶対、彼氏なんてできないし、結婚もできないと思う」と、かなり投げやりになってしまっていました。

やってみる前から諦めるようでは話になりません。

「違う。『できるかどうか』じゃなくて、『やるかどうか』が問題なのです。とにかく僕がいったとおりに、やってみてください」

こう伝えて、その日は帰っていただきました。以降、音沙汰がないなと思っていたところに、あのブログのコメントが書き込まれていたのです。「先生の占いは、やっぱり当たりませんね」――この続きは、次のようなものでした。

「あの後、先生にいわれたとおりに部屋の位置を変え、吉方にも出かけました。そうしたら、すぐに彼氏ができました。

（結婚の流れがないという）先生の手相占いは当たらなかった。いうとおりにしたら結果が出たから、当たらなかったんです。本当にすごかったです。これからもよろしくお願いします」

いわれのないクレームかと思いきや、うれしい報告だったのです。おそらく直接、報告に来ようにも、予約が埋まっていたから、コメント欄に書き込んだのでしょう。最後まで読んだときには、なんだか熱いものがこみ上げてきました。

この方がいうとおり、僕の占いは当たりません。

僕がしているのは、過去の膨大な統計から導き出された傾向をお伝えし、それをどう生かしたらいいのかを提案すること。

99パーセントは自分の力で切り開かれる人生に、占いの知識を使って、ほんの1パーセントのきっかけを与えるだけなのです。

第5章

満ち足りた家庭をつくる
——死ぬまで幸せ、夫婦円満のカギ

夫婦は共に歩むもの

結婚願望のある人は、まず結婚を1つのゴールとして前進しますが、結婚はもちろん、人生のゴールではありません。

夫婦は、お互いの人生の伴走者です。

夫婦円満で、子どもが生まれたら幸せな子育てをまっとうし、そしてまた2人で、どちらかが死ぬまで共に人生を歩んでいく。

いかなる困難が降りかかっても、2人で乗り越えていく。

それにはそれで、出会い運・恋愛運・結婚運を上げるために心がけていただいたことと同じくらい重要な話があり、とても1章にまとめることはできません。

夫婦円満や子育てについて、すべてをお話しするのは、また別の機会に譲るとして、ここではいくつかのポイントに絞って、お話ししておきたいと思います。

「愛」の意味を、もう一度考えてみよう

「結婚を前提に付き合っている人がいるのだけど、正直、この人についていっていいのかわからない」

そういう相談を受けたら、僕は決まって「やめておいたほうがいいですね」といいます。なぜだかわかりますか。

「この人だ」という確信がもてないうちは、やめておいたほうがいいから？　確信がもてない男は、どのみち大したことがないから？　いいえ、どちらも違います。

その理由は、最初に書いたお客さんの言葉のなかにあります。

「この人についていっていいのか」――そう考えているうちは、あなたは結婚しないほうがいいね、ということなのです。なぜかといえば、夫に「ついていく」のが結婚ではないからです。

第1章の最初でもお話したとおり、「愛とは２人で育んでいくもの」です。

そして愛とは、夫についていくなかでは育まれません。**愛とは、２人で共に歩むなかで育まれるもの**です。

キリスト教の結婚式で、２人は何と誓うでしょうか。「富めるときも貧しきときも、

健やかなるときも病めるときも、死が2人を分かつまで共に歩むことを誓います」と誓います。妻は「夫についていくこと」、夫は「妻を引っ張っていくこと」を誓うのではありません。

ネイティブ・アメリカンの言い伝えにも、次のようなものがあります。

「私の前を歩くな。私が従うとは限らない。私の後ろを歩くな。私が導くとは限らない。共に歩もう。2人は同じなのだ」

運命共同体として夫婦がいかに歩んでいくべきかを、この言葉は教えているのです。人生には、いろいろなことが起こりえます。夫が仕事でつまずくかもしれませんし、病気になるかもしれません。

そんな受難のときに夫を支え、励まし、一緒に乗り越えていく覚悟があるか。夫が落ち込んでいるときに「大丈夫よ」と抱きしめることができるか。夫の調子が上がらないときに「たまには休んでね」と、今までがんばってきた夫がちょっと羽を休められるよう肩を貸すことができるか。

こうした覚悟の元で、ようやく愛が育まれていきます。

「この人についていっていいのか」ではなく、「この人と共に歩んでいけるか」。この問いに、はっきりと「イエス」と答えられたときに、ようやくひとりの女性として、

ひとりの男性と愛を育む出発点に立つことができるのです。

夫婦の間でも「適度な距離感」が大切

付き合っているときは「男女」だった２人が、結婚して年月が経つごとに、そうではなくなっていく。よく聞く話ではないでしょうか。

子どもが生まれると、ますますその傾向は強くなります。

欧米の夫婦は、子どもが生まれてからもお互いを名前で呼び合い、子どもに対しては「あなたのお父さん」「あなたのお母さん」という言い方をします。

一方、日本の夫婦は、多くの場合、子どもが生まれたとたん、お互いを「パパ」「ママ」「お父さん」「お母さん」と呼び始めます。妻は夫のお母さんではないし、夫は妻のお父さんでもないのに、考えてみれば奇妙なことではないでしょうか。

こうした変化もあるなかで、次第に、お互いを男女として意識しなくなっていってしまうのです。現に、国際的に見ると、日本はセックスレス夫婦の数としてはかなり上位、性交渉の頻度ではかなり下位に入るというデータもあります。

家族は運命共同体ですから、一体感をもてるのはいいことです。

ただ、夫婦はあくまでも他人同士の男女だというのは、何があっても変わらない事実です。そうである以上、**いつまでも男女でありつづけることが、じつは夫婦円満を保つコツ**といっていいでしょう。

そこで重要になるのが「適度な距離感」なのです。

一緒に住んでいるのに距離感とは、少し違和感を抱いたかもしれません。

ちょっと男性の立場になって想像してみてください。

大好きな彼女と結婚できたというのに、妻となった彼女は、いつもだらしない部屋着を着てソファにゴロ寝。お風呂上がりは夫の目もはばからず、下着姿でリビングをウロウロ……。

そんな姿を見せられつづけて、付き合っていたころのように、妻にドキドキできるでしょうか。ときめくでしょうか。

ここは男性として断言したいのですが、いいえ、ドキドキできませんし、ときめきません。下着姿だって、たまに見るからドキッとするのであって、日常の風景と化してしまっては何も感じなくなってしまいます。

そういう男性心理を知ってか知らずか、僕の妻は、裸はおろか下着姿も不用意には見せません。

だから僕は、いつも純粋に「見たいなあ」と思っているし、見せてくれたら、すごくうれしくなります。ふだん妻が気をつけてくれているからこそ、子どもが３人いる今でも、妻にドキドキし、ときめくのです。

このように、**ある種、男女としての緊張感を保つというのも、適度な距離感を保つ**ということ。

それに加えて、**夫婦がそれぞれ、自分の時間を楽しむことも大切**です。

僕は釣りが趣味であり、休みの日には決まって釣り仲間と海に出かけます。

これが、いつも家族と一緒というのを強要されていたら、僕は、今のように幸せに笑っておらず、家族を幸せに笑わせることも、できていないでしょう。

夫婦だから、家族だからといって、いつもべったりでは、自分でも無自覚のうちに疲弊してしまいます。近づきすぎることで、お互いを男女として意識しづらくもなるでしょう。

そんなこんなでお互いに魅力を感じなくなり、夫婦円満も崩れかねません。

夫婦として共に歩みながらも、男女の緊張感を保つ、自分の時間を楽しむ。むしろ、こうした**適度な距離感があるからこそ、ずっとずっと共に歩み、愛を育んでいくこと**

ができるのです。

高齢女性に聞いた、夫婦円満のコツとは

こうして夫婦共に歩むなかでは、きっとぶつかり合うこともあるでしょう。「夫のことがわからなくなった」と悩むときもあるかもしれません。

以前、とても旦那さんと仲のよい86歳の女性に、「夫婦円満のコツは何ですか？」と聞いてみたことがあります。その方は少し考えたのち、こう答えました。

「それは私たち2人が、お互いに理解し合えないということを理解したからですね」

さすがだなと思いました。その方は、さらにこうもいいました。

「私たちが街中で手をつないで歩いていると、若いカップルが『いいな、私たちも結婚して、あんなふうになりたいね』というのが聞こえてくることがある。でも、今の若い人たちには、ちょっとそれは無理かもしれないね。なぜかというと、今の若い人たちは、お互いのいいところだけ見ようとしている人が多く見えるから。

私たち夫婦が、この何十年、いいことばかりだったかといえば、そんなはずはない。私は、寝てる旦那の胸に包丁をつきたてようと思ったことは1度や2度じゃないし、

離婚届にサインしてやろうと思ったことも10回や20回じゃない。相手の嫌なところもいっぱい見てきたし、困難にもいっぱいあってきた。そういうのをぜんぶ乗り越えてきて、今がある。

今の人は、価値観の不一致だとか、旦那さんが浮気したとか、奥さんが借金したとかですぐに離婚するでしょう？　でも、**困難を共に乗り越えていくのが夫婦であって、いいことばかりじゃなくて当たり前**。困難を乗り越えていく覚悟も気骨もない人たちが『結婚して一生仲よく』なんて考えるのは、ちょっと甘いよね」

さらに、さすがだなと唸りました。

よく「価値観の相違」が離婚の原因に挙がりますが、そもそも夫婦の価値観が同じということはありえません。

血を分け、同じ両親の元で育つ兄弟姉妹ですら、価値観は異なります。

ましてや夫婦は、別々の環境で生まれ育ち、大人になってから出会うのですから、価値観は違って当たり前です。どちらかが、どちらかの価値観に染まりきることもないでしょう。

ですから、夫婦2人で死ぬまで共に歩むために大切なのは、価値観を一致させようとすることではありません。むしろ「互いに異なる」という前提に立つこと、あの86

歳の女性がいったように「理解し合えない」ということを理解することなのです。

そして、夫婦にも家庭にも困難がつきものです。難なく共に歩めることを期待するのではなく、困難ありきで、一緒に乗り越えるという覚悟を決めること、そして実際に降りかかった困難を乗り越えていくことで、いっそう夫婦は輝くのです。

「家庭円満50のコツ」なんていわれたら、まず覚えるのが大変、さらに実践するのも大変で、とてもやっていけません。

でも、究極的には「理解しあえないということを理解すること」「困難はあって当たり前で、一緒に乗り越えるという覚悟を決めること」。人生で大切なことは、じつは、びっくりするほどシンプルというわけです。

「凄い」という文字が表す女性の底力

ここまで読んで、「なんだか結婚って大変だな」と思ったかもしれません。

白馬の王子様が私を幸せにしてくれるのが結婚だと思ったのに……そんなふうに思ってきた人にとっては、たしかに受け入れがたい話でしょう。

でも、理解し合えないということを理解し、いいときも悪いときも共に歩む。そのなかで育まれる愛ほど貴重なものはありません。

おとぎの世界で王子様に幸せにしてもらうお姫様よりも、はるかに深い幸福を感じることができるのが、この現実世界に生きる人間の結婚なのです。

今の話を聞いて、「妻としてやっていけるだろうか」と不安に思ったり、自信を失いそうになったりした人には、ぜひ「凄い」という字を思い起こしていただきたいと思います。

なぜ妻となった女性は「すごい」のか？

その前に、まず見ていただきたいのは「愛」という感じです。愛という字は、真ん中に「心」があります。人の体にも、真ん中に「心」があります。悩んでいるときは考えすぎて頭が痛くなりますが、喜ぶときは胸が暖かくなり、悲しむときには胸が痛み……と、心が動くときは胸が反応します。

ところが、心が満たされないと、心は体の真ん中から移動してしまいます。手に移動するとうつ、下に移動するとセックス依存症、胃に移動すると過食症や拒食症というふうに心が真ん中から移動すると心身に支障が起こります。

だから、心はつねに「真ん中」に保たれなくてはいけません。

ではどうやって真ん中に保つかというと、「抱きしめること」なのです。

そこで先ほどの「凄」です。「凄」という字は、「にすい」に「妻」と書きますね。これは「両手を広げている妻の姿」、「今まさに夫を抱きしめようとしている妻の姿」です。

つまり**妻は夫を抱きしめることで、夫の心を真ん中に保ち、心の安定を整えることができる。**夫を抱きしめる妻には、そんな「凄い」パワーがあるというわけです。

「凄い」のは妻だけではありません。母は子どもを抱きしめることで、夫を抱きしめる妻同様のパワーを発揮します。

現代は家の内でも外でも娯楽があふれており、家族で一緒に過ごす時間が削られがちです。いろいろな楽しみに目移りする一方で、ごく純粋な「触れ合う喜び」を味わうチャンスが減ってきているのです。

そんな現代だからこそ、ゆくゆく子どもが生まれたら、いっそう強く「凄」の意味を意識し、夫とともに子どもも抱きしめてあげてください。

実際にお客さんを見ていても、お子さんがうつ病や不登校といった悩みを抱えている家庭には、ほとんどの場合、「抱きしめる習慣」がありません。

「まずはお子さんを抱きしめてあげてください」と伝えても、たいていは「それどころではない」といいます。「そんなことより吉方（縁起のいい方向）を教えてください」「家相的に子どもをどの部屋に置いたらいいか教えてください」というわけです。

でも、すでにお話ししたように、人生において何より重要な土台となるのは心の安定です。

位置がずれてしまった心を真ん中に戻すことが先決であり、そのために、まず抱きしめる。この重要性を理解された方から、どんどん問題が解決されていく様を、今までにも数え切れないほど見てきました。

母になっても、妻の顔は失わないこと

「触れ合う喜び」について、夫婦の間でまず注意したいのは妊娠、出産の時期です。これを機に夫婦の触れ合いがなくなってしまうというケースは、本当に多く見られます。それで悩んでいる女性がよく相談に訪れるのですが、元を辿ってみると、最初に夫を拒んだのは自分のほうだった……と判明する場合は少なくありません。

妊娠、出産を経ると、女性は一気にお母さんモードに切り替わりますが、男性は違います。そのなかで、すぐにお父さんになれない夫が、疎外感を抱くこともあるものです。

実際、「うちには母親はいるけど、女性（妻）はいなくなってしまった」とこぼす男性もたくさんいます。そして多くの場合、その行く末はキャバクラ通いや浮気です。

だから、**妊娠、出産、子育て初期のころこそ、10年後、20年後の自分と家族の幸せのために、意識して夫を抱きしめる習慣を保ってほしい**と思います。それだけでも男性は、心の安定を取り戻すことができるのです。

嫁姑問題が一発で解決する方法

愛する夫のお母さんだから、大切にしたいのは山々でしょう。

ただ、義母からすれば、あなたは愛する息子を奪った女性です。

息子が生涯を共にしたいと思える女性を見つけ、家庭を築いていくのは、もちろん喜ばしいことであるはずです。その反面、息子が離れていくことがさみしく、そのためにあなたにつらく当たることがあるかもしれません。

そこで一番いけないのは、夫が「中立」の立場を取ろうとすることです。

母親と妻の間に立ち、妻には「お母さんを大事にしてあげて」といい、母親には「妻もがんばっているから認めてあげて」という。これでは嫁姑問題は解決せず、双方に不満が募った挙げ句の果てに、離婚ということにもなりかねません。

「妻が一番、お母さんは二番」

一番いいのは、夫がはっきりと優先順位をつけてくれることです。

「結婚したからには妻が一番で、お母さんは二番。妻につらく当たったら許さない」

これくらいはっきりと、夫が義母に伝えてくれれば、嫁姑問題はもう起こりません。義母は息子に嫌われたくないので、嫁に優しく接します。そして優しく接してもらえれば、嫁としても義母を大切にできるでしょう。

夫にそこまで断言してもらうことはできない、と思ったかもしれませんが、次のように考えれば、そう難しいことではないはずです。

血のつながった親子の縁は切れません。でも、他人同士である夫婦の縁は、どちらかが切ろうと思えば簡単に切れてしまいます。育ててくれた母親を二番においてでも、妻を最優先にしなくては、夫婦の縁はいつ切れないとも知れません。

つまり夫は、「お母さんと自分は何があってもつながっている。でも妻とはそうはいかない。だから妻が一番、最優先なんだ」と考えればいいのです。

それに「妻が一番、母は二番」という関係性を早くに築くことができなければ、最終的に困ったことになりかねないのは義母と夫のほうです。

もし、妻が嫁姑問題に耐えきれずに離婚となったら、「お母さんが妻に意地悪ばかりするから子どもと一緒に出て行ってしまった」と母親を恨むことになるでしょう。

義母は義母で、離婚した息子がやもめ暮らしを続けていたら、心配でたまりません。「いい人はいないの？」と聞いたところで「あんたのせいで嫁と子どもが出て行ったんじゃないか」と返されるのが関の山で、息子との関係は最悪になってしまうのです。

「結婚したら妻が一番、母は二番」。このように考え、必要とあらば母に向かって断言すること。それは夫婦関係を良好に保ち、幸せな家庭を築いていく土台を作るために、夫が最初に果たすべき責任といってもいいかもしれません。

といっても、邪険にするということではもちろんなく、夫は自分の母親を、妻の目が届かないところで大切にしてあげればいいのです。

こうしたことを姑も理解し、息子に率先して「あなたが結婚したら、お嫁さんが一番、母親である私は二番」といってくれたら、なお理想的です。

夫の両親との同居は慎重に考えよう

もし彼に「結婚後は両親と同居してほしい」といわれたら、よく考えてください。

いずれ妊娠、出産、子育てが待っているというときに、夫の両親と一緒に住むことは、たいてい大きなストレスになります。そのストレスが、産後うつ、育児ノイローゼを引き起こしたり、増幅させたりするケースも少なくありません。

夫の両親との同居を軽く考えている人も多く見受けられますが、こうしたリスクがあることも踏まえて、慎重に考えてほしいのです。

夫の両親とは距離を保ちたいと思うなら、「夫の両親との同居を嫌がるのは嫁として許されない」なんて考えず、はっきり「同居したくない」と伝えましょう。

そして出産と育児においては、心置きなく相談できる自分の母親にしょっちゅう来てもらって、思う存分、甘えることです。もっといえば、夫の両親ではなく自分の両親との同居するぶんにはメリットのほうが大きいといっていいでしょう。

いずれにせよ、自分のお母さんとの連携を密にすれば、夫を家に縛りつけることもなく、夫を下げてしまう「縁切り」（207ページ参照）もせずに済みます。

「死して始まる親孝行」

生涯の伴侶と共に人生の新たな出発点に立つ結婚には、「両親からの自立」という意味もあります。

「私たち２人で自立して、一生懸命、生活を営んでいきます。お父さん、お母さんのお世話になるわけにはいきません」

２人で、このように伝えれば、夫の両親も受け入れざるを得ないでしょう。

「死して始まる親孝行」と、僕の師匠はよくいっていました。「親孝行は、親が死んでから改めて始まる」という意味です。

親が死ぬときまで、自分たちは夫婦共に歩み、子どもを育てている姿を見せることが親孝行。いざ親に介護が必要になったら、お手伝いするのも親孝行。そして死んでからは、せっせとお墓参りに行くことが親孝行です。

それなのに、親が生きている間に同居問題、嫁姑問題でもめてしまっては、「死して始まる親孝行」への流れが断ち切られかねません。**まず夫婦が、自分たちだけで幸せな生活を送った末にこそ、親孝行をまっとうできる**のです。

これは、当然ながら、夫の両親を尊重しなくていいということではありません。むしろ、ずっと夫の両親を尊重し、大切にし続けるには適度な距離感が必要です。同居することでそれが崩れてしまうと思うのなら、同居は避けたほうがいいということです。

どれほど相手の両親に気に入ってもらっていても、一緒に住めば不満が生じることも多いものです。小さな不満が募れば、もめごとのタネになり、やがて義母は嫁の文句を息子にこぼし、妻は義母の文句を夫にこぼすことになるでしょう。

こうしてひとつ屋根の下で流れ始める不協和音が、夫婦仲に影響し、離婚という結末を招きかねないのです。

一方、2人だけで存分に新婚生活を楽しみ、そしてつねに姑が見ているというストレスのないなかで妊娠、出産、育児ができれば、尊敬の念も親愛の情も失わないまま、ずっと義父母と付き合えるはずです。

そのなかで、たまに2人で遊びに行く、夫にとっての「おふくろの味」を義母に味わわせてもらう、子どもが生まれたら孫の顔を見せに行く。このように付き合っていくことが、全方位の幸せにつながるというわけです。

おわりに

本書を最後までお読みいただき、ありがとうございました。

数多くの方の相談に乗り、運を開くお手伝いをしてきた身として、少しでも、みなさんの役に立てればとお話ししてきました。ときには厳しくいわれているように感じた方もいらっしゃるかもしれません。

ただ、そういう僕だってまだまだ未熟な人間です。

「生きている間は人間は欲の塊だ。人が無（ム）になると書くと『仏』になるだろう。だから完璧になりたいのなら死ぬしかない。だから、生きつづける限り、人はいつまでも未熟なんだよ」

僕の先生がよくいっていたことです。生きている限り、いくら歳を重ねようと人間は未熟なまま。だからこそ、つねに真摯に先人たちの教えを参照し、生かしていくことが大切なんだと思っています。

そんな僕の身に、またひとつ「やっぱり自分は精進しつづけるべき未熟者だ」と思い知らされる出来事がありました。

2018年に、僕たち夫婦は3人めの子どもを授かりました。

初めての男の子でしたが、息子は心臓に病気をもって生まれました。

そのことを知ったとき、妻は泣き崩れましたが、僕には実感がありませんでした。薄情だと思われるかもしれませんが、妻の身に何もないことに安心している自分すらいました。チューブにつながれ、ベッドに横たわる息子の姿を見て、僕は初めて涙が止まらなくなりました。

でも、我が子にまともに触れることもできない僕の傍らで、妻はもう泣いておらず、うろたえもせず、ずっと息子の頭をなで続けていました。母親というものの強さを改めて目の当たりにした気がしましたが、僕自身は、それ以降、何も考えられず、仕事に対する意欲も失ってしまいました。

そんな矢先、ある3人の方々の言葉から、僕はまた大切なことを学んだのです。

まずひとりめの方には、こういわれました。

「崔さん、あなたはもっとリスクを背負ってお金儲けをしなくてはいけないね」

意味がわかりませんでした。こんなにつらい思いをしている僕に金儲けの話をするとは、どういう了見だと感じました。

でもその方は、後にこう続けました。

「崔さんの講演会で僕も勉強したからわかるけど、崔さんは今、運勢がいい時期にあるよね。講演会で崔さんはいつも、何と話してる？　運勢がいいときにも向上心を失わず、より成長するためにリスクを取るべきだって話してるよね。

でも、今のあなたはどうだろう。現状に満足して、リスクを取っていなかったのでは？　あなたがリスクを背負っていないから、あなたのお子さんがリスクを背負って生まれてきた。僕にはそう見えるんだけどね」

ガツンと頭を殴られた気がしました。

たしかに会社の経営と講演活動で、僕は家族を十分に養ってもあまりある収入を得られるようになっていました。現状維持できれば満足で、リスクをとってより成長する意欲を失いかけていた……。そう看破されて、返す言葉がありませんでした。

2人めの方からいわれたのは、次のようなことです。

「息子さんのことを聞いて控えていたけれど、そろそろ釣りに行かないか？」

たしかに、その方とはしょっちゅう釣りに行く間柄でしたが、なんでこんなときに釣りなんだと思いました。いつ息子に異変が起こり、病院から呼び出されるかわからないなか、のん気に釣り糸なんて垂れている場合ではない、それくらいわかるだろう、と。

でも、改めて事情を説明しようとした僕に、彼はいいました。

「崔さんの事情も気持ちもよくわかるよ。でもね、いつも崔さんはいっているでしょう、『喜怒哀楽』のうち『怒哀』は除いて『喜楽』に生きましょうって。最近のあなたは、ぜんぜんいい顔をしてないよ。それはあなた自身が、喜楽に生きることを忘れているからではないかな？

船の上で病院から連絡が入ったら、すぐに引き返せばいい。病院は海沿いにあるのだから最寄りの港に船をつけたっていい。それで釣りのための船代がフイになったところで、僕たち釣り仲間が文句をいうと思う？　誰もいわないよ」

これには思わず涙がこぼれそうになりました。困難なときほど人のありがたみがわかるといいますが、僕は、ここでも自分の未熟さを思い知るとともに、改めて仲間のありがたみを痛感したのです。

そして3人めは、僕の最初の本の出版をすごく喜んでくれて、あちこちに宣伝してくれた方です。出版の少し後に彼を訪ねたら、こんな話になりました。

「崔さんがお店で占いを始めるときに、僕がいったことを覚えてる？」

もちろん覚えていました。「占いなんて半端なところでやめたらペテン師だよ」「安易な考えではなく、プロとしてしっかりやらなくてはいけない。続けることに意味があるんだからね」――この言葉を忘れたことはありませんでした。

「そうだよね。本が出せたのは、崔さんが本気で続けてきた証だよ。よかったね」

そういって喜んでくれた彼の表情が一変したのは、僕が息子のことを話したときのことです。

じつは当時、僕は続々と予定されていた講演会をすべてキャンセルさせてもらおうと思っていました。地方の講演も多く入っており、その間に息子に何か起こったら、とても駆けつけられないからです。置かれた状況を知ってもらえれば、講演の主催者もお客さんたちも、当然、理解してくれるだろうと考えていました。

ところが、この話を聞いた彼は一瞬で笑顔から真顔になり、こういったのです。

「なんだ、崔さんは、まだ二流だね」

これにも驚きましたが、やはり後の言葉を聞いて、僕は考えを改めることになりました。

「これから話すことは僕の考えだから、崔さんに、そうしろっていいたいわけじゃないよ。でも一応聞いてほしい。たとえば歌手は親が危篤になっても舞台に立つ。それはどうしてだろう？　彼らは人を幸せにする仕事をしているからだよね。崔さんが占いをするのも、人を幸せにするためでしょう？　講演会を心待ちにしている人が何人いると思う？　その人たちの期待を裏切って、息子さんにつきっきりでいて、息子さんが元気になるんだったら、そうすればいい。でも違うでしょう。養うべき家族がいる、日本各地に待っている人もいる、そんな人が、息子の病気ひとつですべて仕事をキャンセルするなんて、そんな話が通じると思う？　どんなときも人前に立つ姿を見せること、そのなかで人々の幸せの手伝いをすることが、あなたのすべきことなんだと僕は思う。それができないのなら、やっぱり二流だよ」

ぐうの音も出ないとは、まさにこのこと。僕は言葉に詰まりました。

家に帰って妻に話してみると、「息子には私がついているから、あなたはどこへでも行ってきて」といいます。我が妻ながら、肝が据わっているなと感心しました。

そこで僕は気合いを入れ直し、予定されていた講演会をすべてやりきりました。仕事も講演会も、すべて現在進行形です。

つらい目にあっている人に同情するのは簡単ですが、この3人は、僕のことを思ってあえて苦言を呈してくれました。彼らには感謝しかありません。

人はみな未熟だといっても、どこがどう未熟で、何を改善したらいいのかは、意外とはっきりわからないものです。でも僕は、息子が病気をもって生まれたことをきっかけに、自分が何を見失いかけていたのかを知ることができました。

小さな体で病と戦っている息子のことを思うと今も胸が痛みますが、同時に感謝もしています。子どもは、生まれてきた瞬間に親孝行を完結させるんだなと、これほど痛感したことはありません。

さらに長くなってしまって、すみません。最後に、僕自身が未熟者であり、まだまだ人生の勉強中の身であることをお伝えして、本書を締めくくりたいと思いました。

占いというものを通じて、人から「救われました」「ありがとうございました」といわれることがたくさんあります。でも、この仕事を通じて一番救われ、感謝しているのは、じつは僕自身といったほうがいいのかもしれません。

5万人以上もの人と接するなかで、救ってきたようで救われてきた、そうやって今の僕があると思っています。

本書は、そんな感謝の気持ちから生まれたものでもあります。

自分を救うのは、自分自身でしかありません。僕のところにきても、本当は救いも助けもありません。

僕が占いを通じてやっているのは、人を救うことではなく、人が自分で自分を救うための、たった1パーセントのきっかけを与えることだけ。

本書もまた、ひとりでも多くの方にとって、自分を救い、そして自分の手で幸せをつかんでいくきっかけとなれば、著者としてそれにまさる喜びはありません。

僕を励まし支えてくれるお客様のみなさんに、その感謝を伝えて筆を置きたいと思います。

ありがとうございました。

2019年2月

崔　燎平

崔 燎平（さい・りょうへい）

北九州の経営者であり、占い開運アドバイザー。（有）テイク代表。13年前に占いをはじめ、今までに5万人以上を占ってきた。ときに優しく、ときに厳しく相談者に応え、生き方を変容させる占いで評判に。口コミで人気が広まり、今では北九州だけでなく全国から相談者が訪れ、予約がなかなか取れないことでも有名。著書に『50000人を占ってわかった 99%の人生を決める1%の運の開き方』（内外出版社）がある。

崔燎平さんの講演（内外出版社主催）や新刊の情報などをお伝えいたします。ご希望の方は、下のQRコードかアドレスから、簡単なアンケートにお答えいただき、ご登録ください。なお、ご登録された方の中から1名様を、内外出版社主催の崔燎平さん講演会にご招待させていただきます。

※書籍内に挟み込んであるアンケートはがきでご登録いただいても結構です。

https://pro.form-mailer.jp/fms/776c9cf4163744

50000人を占ってわかった
愛を叶える人 見離される人

発行日　2019年3月25日　第1刷
著　者　崔 燎平
発行者　清田 名人
発行所　株式会社 内外出版社
〒110-8578　東京都台東区東上野2-1-11
電話 03-5830-0237（編集部）
電話 03-5830-0368（販売部）
印刷・製本　中央精版印刷株式会社

ISBN 978-4-86257-444-2